FASHION ILLUSTRATION: ACCESSORIES
ILLUSTRATION DE MODE : ACCESSOIRES
MODEZEICHNUNG: ACCESSOIRES
MODE-ILLUSTRATIE: ACCESSOIRES

© 2010 **booQs** publishers bvba
Godefriduskaai 22
2000 Antwerp
Belgium
Tel: +32 3 226 66 73
Fax: +32 3 226 53 65
www.booqs.be
info@booqs.be

ISBN: 978-94-60650-260
WD: D/2009/11978/027
(0039)

Texts: Cristina Paredes
Illustrations: Aleksandra Budnik, Bjørn Brochann/
Commando Group, Carolina Alonso Lavalle, Chidy
Wayne, Chris Ede/Illustration Ltd, Daria Jabenko,
Inoue Taiji, Javier Navarro, Juanjo Navarro,
Kun-Sung Cheng, LAU*, Loreto Binvignat, Maite
Lafuente, Maria Cardelli, Mariya Paskovsky,
nando&silvia/potipoti Graphic Division, Oscar
Jiménez, Paula Sanz Caballero, PPaint, Sarah
Beetson/Illustration Ltd, Sophie Leblanc, Tamara
Villoslada, Verónica Ballart
Layout: Juan Prieto
Translation: Cillero & De Motta Traducción

Editorial project:

maomao publications
Via Laietana, 32, 4.º, of. 104
08003 Barcelona, Spain
Tel.: +34 932 688 088
Fax: +34 933 174 208
maomao@maomaopublications.com
www.maomaopublications.com

Printed in China

FASHION ILLUSTRATION: ACCESSORIES
ILLUSTRATION DE MODE : ACCESSOIRES
MODEZEICHNUNG: ACCESSOIRES
MODE-ILLUSTRATIE: ACCESSOIRES

CONTENTS

INTRODUCTION

Accessories have the same role as other parts of a collection in fashion illustration. Drawing enables the designer's idea to be conveyed and inspiration materialized on paper. If you look at fashion designers' sketches and illustrations, you can see that there is always a common language, despite the different styles, techniques, and finishes of drawings.

But far from being mere examples of artistic expression, fashion illustrations must be clear and accurate. From the time a piece is imagined to the time it leaves the factory or workshop, dozens of people will have taken part in the process. The drawings should therefore define what a designer is thinking and the ideas should be conveyed without leaving room for interpretation.

This book shows how to draw the accessories that accompany collections. These accessories can provide the final touch to the look created by a designer. Bow ties, hats, scarves, shoes, zippers, and a host of other accessories can make or break an outfit, and can set a trend through repeated use, range of colors, textures, or materials.

INTRODUCTION

Dans l'illustration de mode, le rôle joué par les accessoires est identique à celui des pièces vestimentaires d'une collection. Le dessin permet de transmettre l'idée du créateur et de traduire son inspiration sur le papier. En regardant les esquisses et illustrations des créateurs de mode de plus près, on constate, malgré les différents styles, techniques et finitions des dessins, que ces derniers partagent toujours un langage commun.

Mais loin de ne représenter qu'une expression artistique, les illustrations de mode se doivent d'être précises et claires. De la conception d'un modèle à sa sortie d'usine ou d'atelier, des dizaines de personnes prennent part au processus. Les dessins doivent donc définir la pensée de l'auteur en transmettant son idée clairement et sans équivoque.

Ce volume s'attache à montrer la manière dont les accessoires qui accompagnent les collections doivent être dessinés. Ces éléments peuvent apporter la touche finale au look imaginé par le dessinateur. Nœuds papillon, chapeaux, écharpes, chaussures, fermetures éclair et bien d'autres accessoires peuvent être les fers de lance d'un vêtement et marquer la tendance grâce à leur retour sur le devant de la scène, à leurs couleurs, à leurs textures ou à leurs matières.

VORWORT

In der Modezeichnung spielen die Accessoires dieselbe Rolle wie die anderen Bestandteile einer Kollektion. Die Zeichnung ermöglicht es, die Idee des Designers zu vermitteln und seine Inspirationen auf Papier zu gestalten. Wenn man die Skizzen und Illustrationen der Modeschöpfer genau betrachtet, stellt man fest, dass diese Zeichnungen trotz ihrer verschiedenen Stile, Techniken und Ausführungen immer eine gemeinsame Sprache haben.

Aber da es sich dabei bei weitem nicht nur um einen künstlerischen Ausdruck handelt, müssen Modezeichnungen genau und deutlich sein. Von der Konzeption eines Modells bis zu seiner Auslieferung aus der Fabrik oder dem Atelier sind Dutzende von Personen am Herstellungsprozess beteiligt. Deshalb müssen die Zeichnungen die Vorstellung des Designers erklären und seine Idee eindeutig und ohne Unklarheiten vermitteln.

In diesem Band wird gezeigt, wie man die zu den Kollektionen gehörenden Accessoires zeichnet. Diese Accessoires können dem Look, den sich der Designer vorgestellt hat, den letzten Schliff geben. Schleifen, Hüte, Schals, Schuhe, Reißverschlüsse und vieles mehr können den Blickfang eines Kleidungsstücks bilden und durch ihr Wiederauftreten, ihre Farben, ihre Textur oder ihre Materialien Trends bezeichnen.

INLEIDING

In mode-illustraties vervullen de accessoires dezelfde rol als de overige stukken van de collectie. De tekening maakt het mogelijk het idee van de ontwerper over te brengen en zijn inspiratie op papier weer te geven. Als we onze aandacht vestigen op de schetsen en illustraties van de modeontwerpers, valt het op dat deze altijd iets gemeen hebben, ondanks de verschillende stijlen, technieken en afwerkingen die op de tekeningen te zien zijn.

Het betreft echter niet louter en alleen een artistieke expressie, de mode-illustraties moeten ook precies en duidelijk zijn. Van het modelidee tot het resultaat dat de fabriek of het atelier verlaat, nemen tientallen mensen aan het proces deel en daarom moeten de tekeningen exact weergeven wat de ontwerper in gedachten heeft en moeten zij diens idee op ondubbelzinnige wijze en zonder enige twijfel overbrengen.

In dit boek wordt getoond hoe de accessoires die de collectie vergezellen getekend kunnen worden. Deze accessoires kunnen de finishing touch van de door de ontwerper bedachte *look* betekenen. Strikjes, hoeden, sjaals, schoenen, ritssluitingen en nog veel meer, kunnen het kroonstuk van een kledingstuk betekenen en kunnen dankzij een comeback, de kleuren, de texturen of de materialen trendsettend zijn door een comeback, de kleuren, de texturen of de materialen.

1 - BAGS and Co.
(Purses, Briefcases, Suitcases, Backpacks, Change Purses)

These accessories define the style of a wardrobe. Backpacks, for example, provide a youthful and modern air, while suitcases and briefcases can round off a more formal style. They also reflect each season's trends. A new collection can make maxi bags disappear only to give way to sling bags, or can strip party purses down to the minimum.

The lines of the drawing help to structure the appearance of the piece: straight lines create the shape of a purse or suitcase, while folds are used to define soft shapes like those of backpacks. In the same way, padded bags, cloth purses, and change purses use one kind of line or another to show their finish.

There is no need for illustrations to show every detail of prints; there is no one way of showing them. The parts of the fabric where light falls are left practically white, while on the darker areas the pattern is more intense. Other ways of giving drawings coherence include, for example, providing detail to backpack and suitcase closures and always drawing them as if they are full.

1- SACS
(sacs porte-monnaie, serviettes, mallettes, sacs à dos, porte-monnaie)

Ces accessoires définissent le style d'une garde-robe. Les sacs à dos donnent un air plus jeune et moderne, tandis que les mallettes et serviettes complètent un style plus formel. Ils sont le reflet des tendances de chaque saison. Une nouvelle collection peut entraîner la disparition des maxi-sacs et laisser place aux sacs en bandoulière, ou faire en sorte que les sacs de cérémonie soient réduits à leur plus simple expression.

Les lignes du dessin aideront à façonner l'aspect extérieur de la pièce : les lignes droites définissent un sac ou une mallette rigide, alors que les lignes plissées sont utilisées pour reproduire les formes molles comme celles des sacs à dos. De la même manière, les rembourrages, les sacs et les porte-monnaie en tissu feront appel à un type de ligne ou à un autre pour révéler leurs finitions.

Sur les illustrations, les motifs ne doivent pas être dessinés en détail. Au niveau des zones les plus éclairées, le tissu est laissé pratiquement blanc ; pour les zones plus sombres, les motifs sont dessinés de façon plus intense. Il est aussi possible de donner une certaine cohérence au dessin en représentant les fermetures des sacs à dos et des mallettes jusque dans leurs moindres détails, en les dessinant comme s'ils étaient pleins.

1- BEHÄLTNISSE
(Taschen, Geldbeutel, Aktentaschen, Koffer, Rucksäcke, Brieftaschen)

Diese Accessoires kennzeichnen den Stil einer Garderobe. So geben z. B. Rucksäcke der Kleidung einen jugendlichen und modernen Anstrich, während Koffer und Aktentaschen einen formelleren Stil beschreiben. Sie spiegeln auch die Trends jeder Saison wieder. Eine neue Kollektion kann dazu führen, dass die Maxi-Taschen zu Gunsten von Umhängetaschen verschwinden, oder dass die Abendtaschen auf Minimalgröße reduziert werden.

Die Strichführung der Zeichnung hilft, das Aussehen des Kleidungsstücks zu gestalten: Gerade Linien begrenzen steife Taschen oder Koffer, während Falten verwendet werden, um weiche Formen, wie die von Rucksäcken, zu kennzeichnen. Auf diese Weise werden verschiedene Arten der Strichführung für Wattierungen oder Taschen und Geldbeutel aus Stoff benutzt, um die jeweilige Ausführung zu zeigen.

Bei den Illustrationen ist es nicht nötig, die Muster in allen Einzelheiten zu zeichnen; sie werden nicht einheitlich dargestellt. Die Teile des Stoffs, auf die das meiste Licht fällt, werden praktisch weiß gelassen, während das Muster an den dunkleren Stellen dichter gezeichnet wird. Weitere wichtige Tricks, die die Zeichnung plastisch erscheinen lassen, bestehen z. B. darin, die Verschlüsse der Rucksäcke und Koffer detailliert auszuführen und die Taschen stets so zu zeichnen als ob sie voll gepackt wären.

1- TASSEN
(Handtassen, portemonnees, aktetassen, koffers, rugzakken, portefeuilles)

Deze accessoires bepalen de stijl van een garderobe. Rugzakken geven een jeugdiger en moderner tintje, terwijl koffers en portemonnees een formelere stijl aanvullen. Ook weerspiegelen ze de seizoenstendensen. Met een nieuwe collectie kunnen de reuzentassen verdwijnen en plaatsmaken voor schoudertassen of kunnen feesttassen tot hun minimale expressie herleid worden.

De lijnen van de tekening bepalen het uitzicht van het stuk: rechte lijnen bakenen een stijve tas of koffer af, terwijl plooien gebruikt worden om zachte vormen zoals die van rugzakken weer te geven. Op dezelfde wijze zal gebruik gemaakt worden van diverse soorten lijnen om de afwerking van gewatteerde stukken en stoffen tassen of portemonnees weer te geven.

In de illustraties is het niet nodig de bedrukkingen tot in het kleinste detail te tekenen, deze worden niet uniform weergegeven. Op de meest verlichte delen wordt de stof bijna geheel wit gelaten, terwijl op donkerdere zones de bedrukking gedetailleerder weergegeven wordt. Andere belangrijke trucs die aan de tekening meer coherentie verschaffen zijn, bijvoorbeeld, detaillist zijn bij het tekenen van rugzak- en koffersluitingen, en deze ook altijd tekenen alsof ze vol zijn.

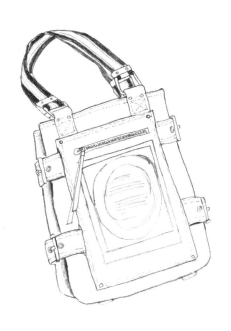

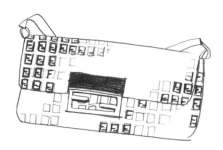

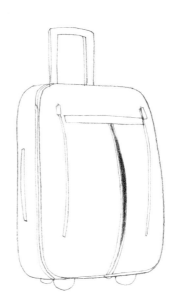

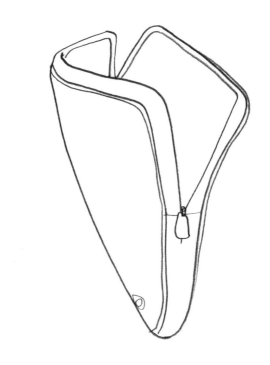

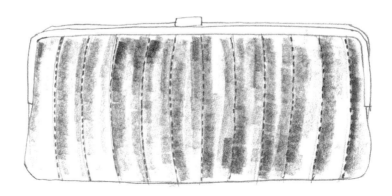

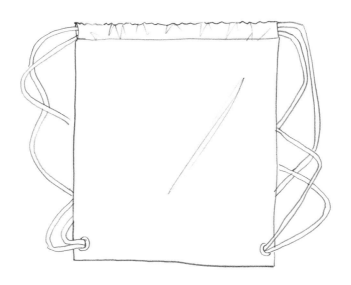

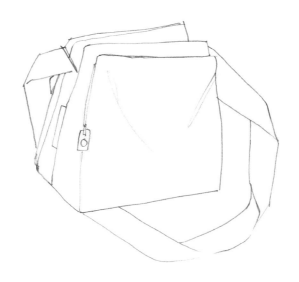

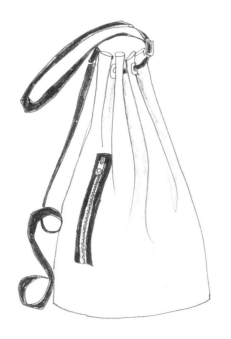

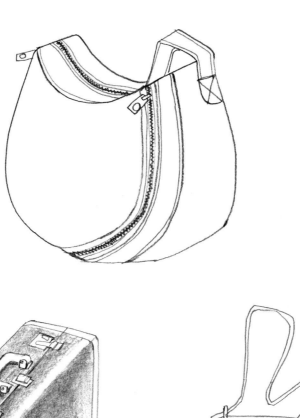

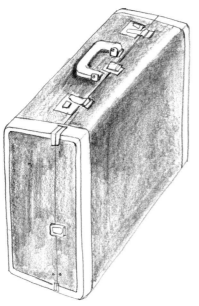

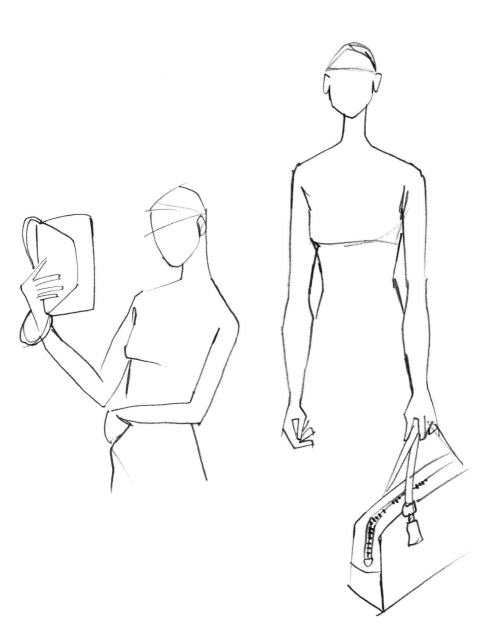

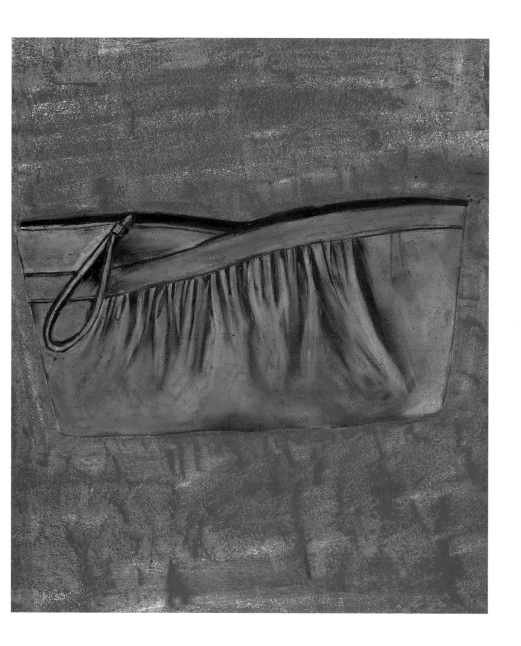

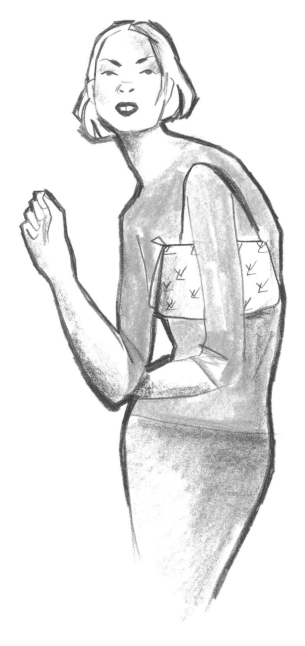

G.G. Book by Wendy Roy

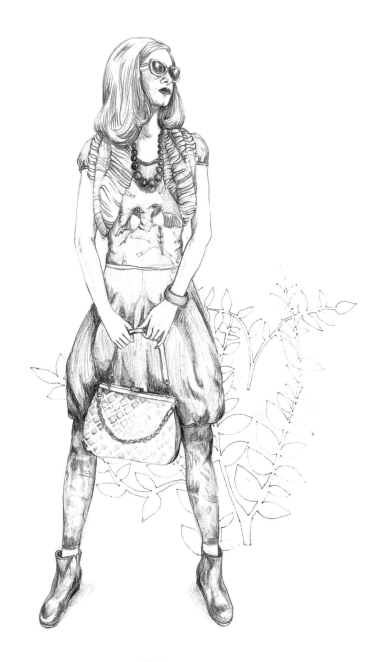

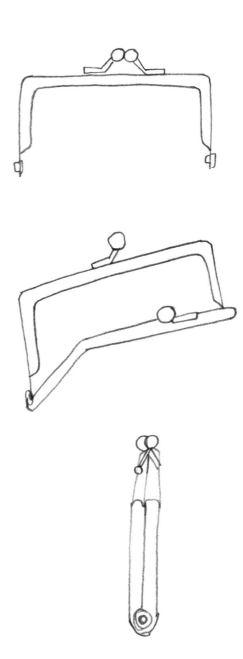

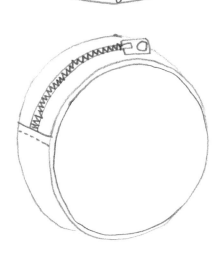

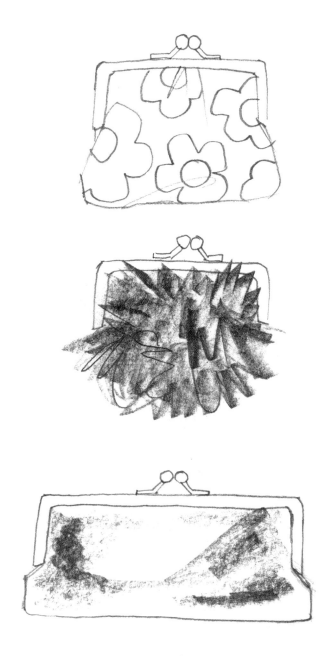

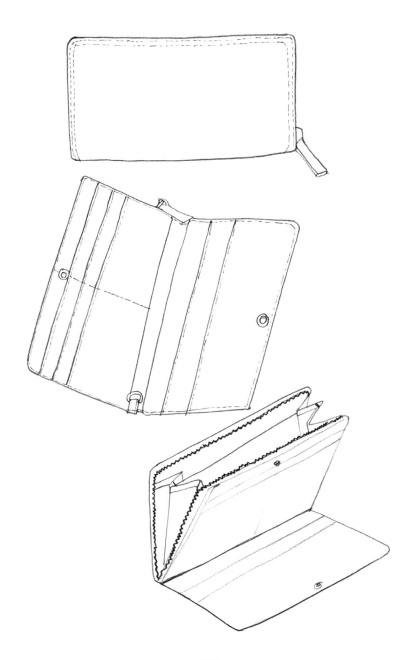

2- SCARVES AND BELTS
(Scarves, Belts, Neckties, Glasses, Gloves, Bow Ties, Umbrellas)

When drawing scarves, ties, and other accessories, it is necessary to describe the materials precisely and to know how to draw texture. They may seem to be unimportant or even secondary details at first, but the large variety of bow ties and glasses, or the possibilities of enhancing looks offered by belts and scarves make it essential to pay special attention to their special qualities. It is not the same to draw a knitted scarf as it is to draw one made from mohair. For the former, the type of knit that was used should be defined; and in the latter, a few lead pencil strokes may be enough to define the fabric imagined for this accessory.

Color is another important element. When using watercolor, you must be very careful because the color spreads. Details like fringing on shawls and scarves should be made with a marking pen. In order to give shawls and scarves more volume, color them with a slightly darker tone and use shading around the edges to intensify the look.

Prints on ties and umbrellas should be defined, so it is necessary to master drawing them: from striped designs for ties to Madras checks or tartan for umbrellas.

2- ÉCHARPES ET CEINTURES
(écharpes, ceintures, cravates, lunettes, gants, nœuds papillon, parapluies)

Pour dessiner des écharpes, des ceintures et d'autres accessoires il faut décrire les matériaux et reproduire les textures sur le papier. Il semblerait que ces détails jouent un rôle négligeable, secondaire, mais du fait de la grande variété de nœuds papillon et lunettes, ou des fonctionnalités esthétiques des ceintures et écharpes, il est nécessaire de prêter une attention particulière à leurs qualités. La représentation d'une écharpe en tricot jersey est différente de celle d'une en laine mohair. Dans le premier cas, le type de point utilisé doit être défini ; dans le second, des traits réalisés au crayon de papier peuvent s'avérer suffisants pour représenter le tissu utilisé.

La couleur est un autre élément important. Le coloriage à l'aquarelle doit se faire de façon méticuleuse, la couleur ayant tendance à s'étendre ; les franges d'un châle et d'une écharpe doivent être représentées au feutre. Pour mettre en valeur le volume des châles et des écharpes, il faut les colorier dans une tonalité plus sombre et de reproduire les ombres au niveau de leur contour pour accentuer l'effet.

Les motifs de cravates et parapluies doivent être clairement représentés, il faut maîtriser leur dessin : des rayures pour les cravates aux carrés madras ou écossais pour les parapluies.

2- SCHALS UND GÜRTEL
(Schals, Gürtel, Krawatten, Brillen, Handschuhe, Schleifen, Regenschirme)

Für die Zeichnung von Schals usw. muss man Materialien genau darstellen und Texturen zeichnen können. Auf den ersten Blick mögen diese Details nicht wichtig erscheinen, aber die Vielfalt von Schleifen, Brillen, Gürteln etc. erfordert die Beachtung aller Besonderheiten. Es ist nicht dasselbe, einen glatt gestrickten oder einen Mohair-Schal zu zeichnen. Im ersten Fall muss die verwendete Strickart definiert werden, im zweiten Fall genügen einige Bleistiftstriche, um zu zeigen, welche Gewebeart für das Kleidungsstück gedacht ist.

Die Farbe ist ebenfalls wichtiges. Wird mit Wasserfarbe koloriert, muss man vorsichtig sein, da die Farbe ausläuft; Details wie Fransen werden mit Filzschreiber gezeichnet. Damit Tücher und Schals voluminöser erscheinen, werden sie etwas dunkler koloriert und die Konturen werden schattiert.

Muster von Krawatten und Schirmen müssen eindeutig sein, weshalb ihre Darstellung,von Streifenmustern für Krawatten bis zu Madras-Karos für Regenschirme, beherrscht werden muss.

2- SJAALS EN RIEMEN
(Sjaals, riemen, dassen, brillen, handschoenen, strikjes, paraplu's)

Om sjaals, riemen en andere accessoires te tekenen, dient men de materialen precies weer te geven en goed te weten hoe texturen te tekenen. A priori kunnen dit onbeduidende, secundaire details lijken, maar de grote verscheidenheid aan strikjes en brillen, of de esthetische mogelijkheden van riemen en sjaals vereisen dat aandacht geschonken wordt aan de bijzonderheden ervan.
Het is niet hetzelfde een gebreide sjaal te tekenen of eentje uit *mohair*. In het eerste geval moet de gebruikte steek duidelijk uitkomen, en voor het tweede, kunnen enkele halen met kool volstaan om het weefsel weer te geven.

Kleur is nog een belangrijk element. Met aquarel moet men voorzichtig te werk gaan omdat de kleur uitloopt; details zoals de franjes van halsdoeken en sjaals worden afgelijnd met een stift. Om de halsdoeken en sjaals meer volume te geven, kunnen ze iets donkerder gekleurd worden en kunnen schaduwen aangebracht worden om het effect te benadrukken.

Bedrukkingen op dassen en paraplu's moeten duidelijk gedefinieerd zijn en daarom is het belangrijk ze goed te tekenen: van de streepjesontwerpen voor dassen tot de madras- of Schotse ruiten voor paraplu's.

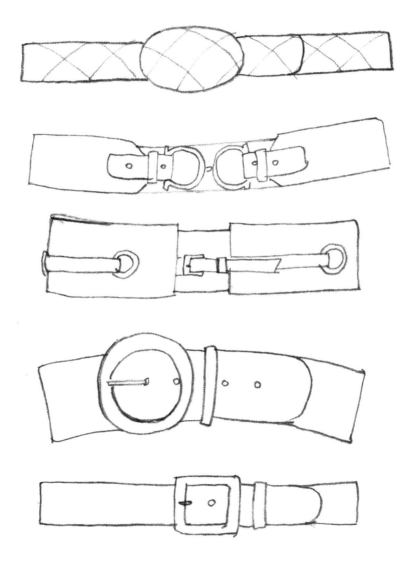

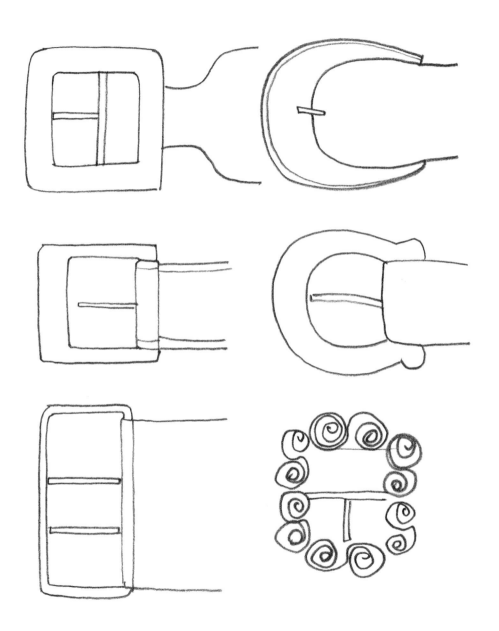

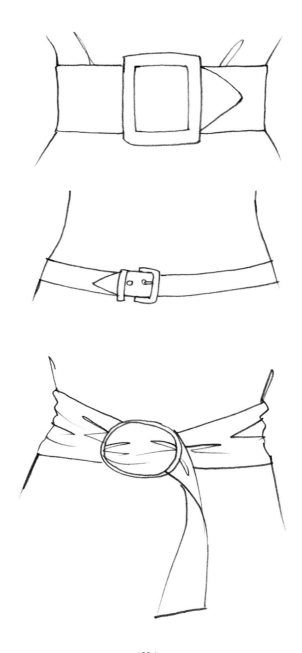

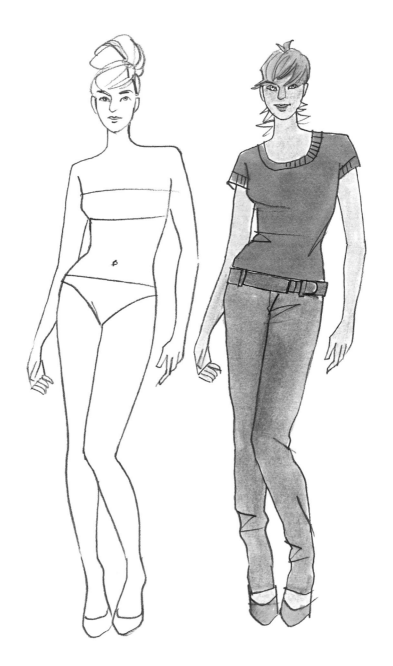

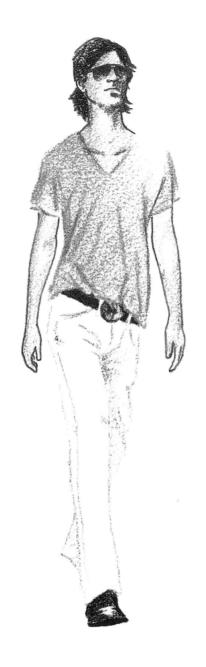

1
2
3
4
5

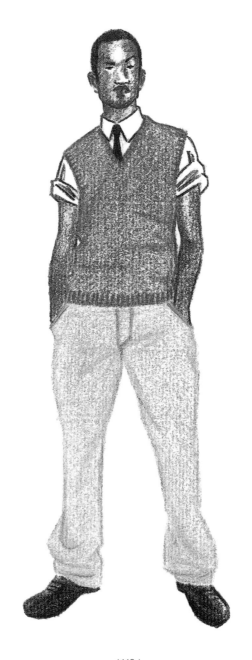

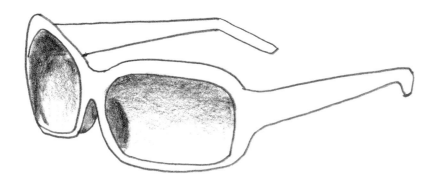

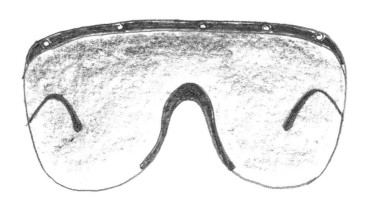

LO mag

DÉFILES

SS'07

H MARIA CARDELLI
σχεδιάζει το εξώφυλλο
του LOOKmag

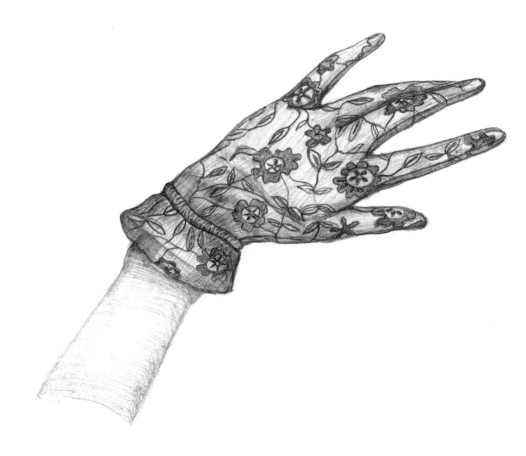

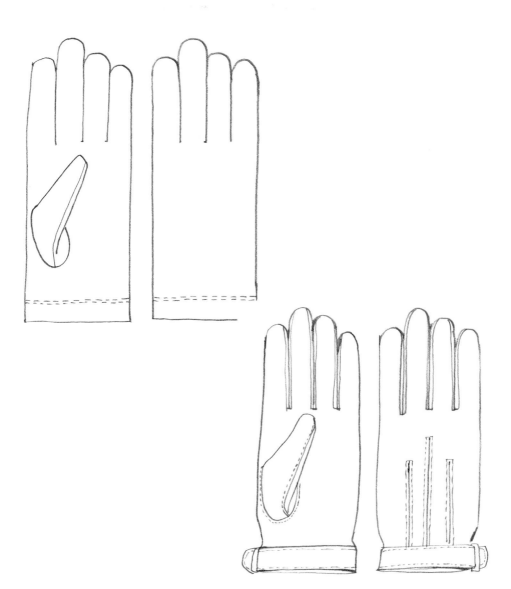

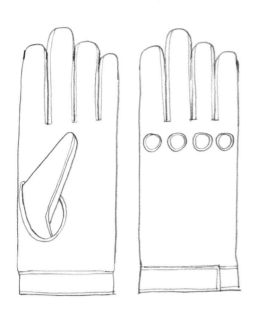

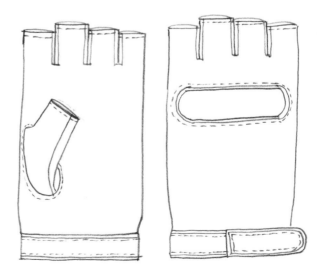

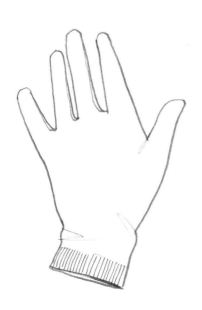

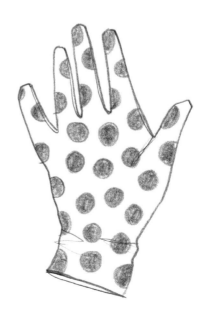

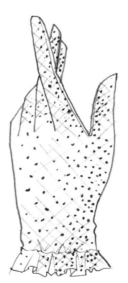

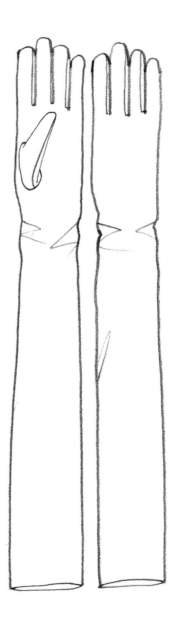

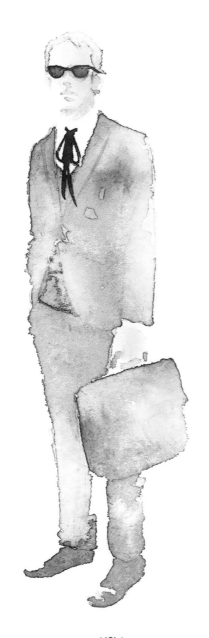

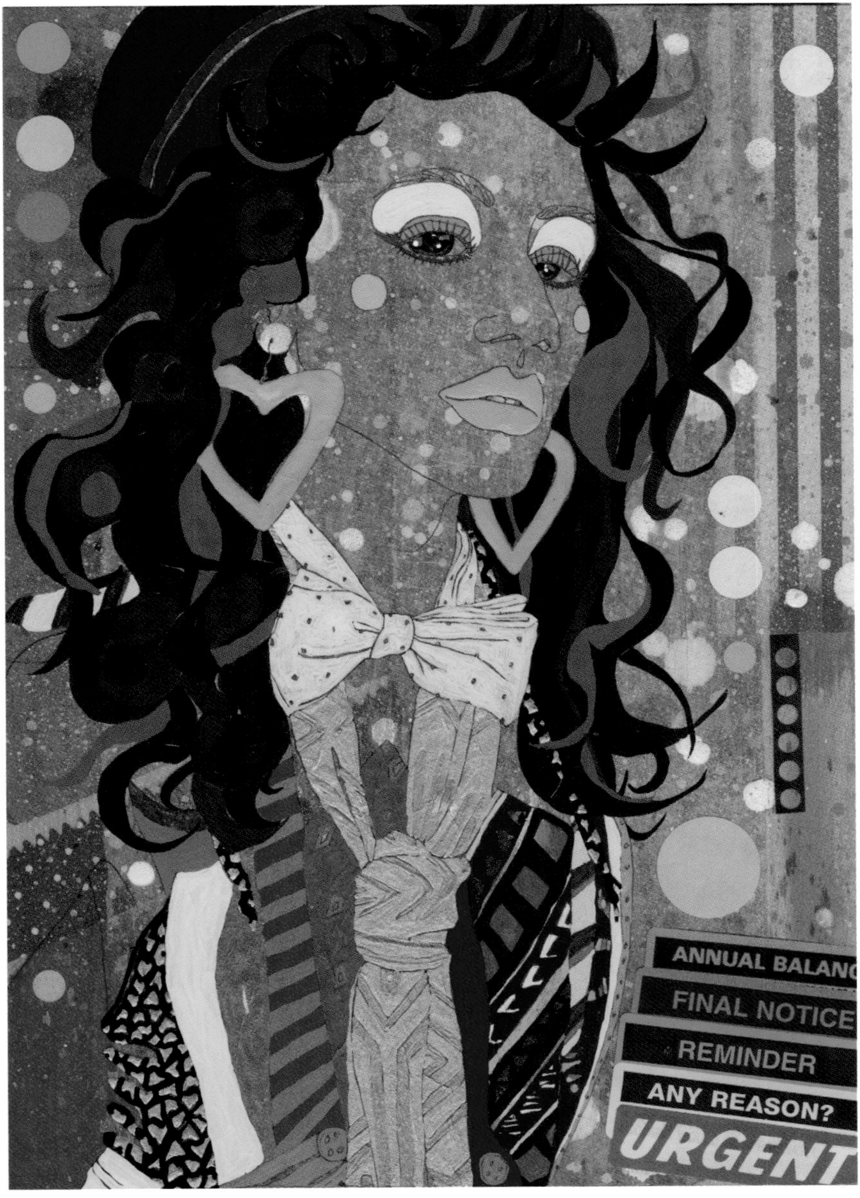
ANNUAL BALANC
FINAL NOTICE
REMINDER
ANY REASON?
URGENT

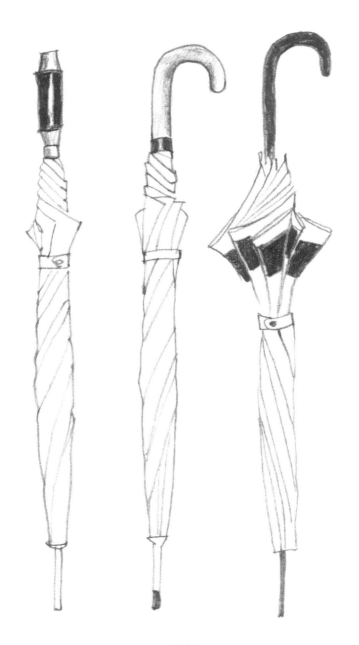

3- FASTENERS, ZIPPERS AND ORNAMENTS
(Buttons, Decorative Buttons, Press Studs and Clips, Drawstrings, Buckles, Snap Fasteners, Zipper Pulls, Velcro)

There are countless styles of buttons, press studs, buckles and zipper pulls. Buckles can be round, square, or have two pins. Buttons can be metal, covered in cloth or leather, or the classic style – flat with four holes. Designers need to be able to draw all of these if a garment is to be represented in detail. It will be necessary to sketch them and include them in a fashion illustration, regardless of how insignificant they seem. Pencils and fine marking pens are the most suitable instruments for these accessories, as they allow all the required details to be described most accurately. For a more expressive illustration, thicker outlines can be used or a color background that creates a contrast over which more defined lines can be drawn.

Some of these accessories can be difficult to describe in an illustration, such as Velcro. In such cases, they can be drawn open so that they can be more easily recognized. Color also helps to give detail to each accessory. It is important to master metallic effects on press studs and buckles to make them stand out.

3- FERMETURES ET ORNEMENTS
(boutons, boutons décoratifs, boutons-pression, cordonnets, cordons, boucles, mousquetons, tirettes pour fermeture éclair, bandes Velcro)

Il existe une infinité de boutons, boutons-pression, boucles et tirettes pour fermeture éclair. Les boucles peuvent être rondes, carrées, à double passant, et les boutons peuvent être en métal, recouverts de tissu ou de cuir, ou se présenter sous forme de boutons conventionnels à quatre orifices. Tous ces éléments doivent pouvoir être reproduits sur le papier. Il sera donc nécessaire de savoir les esquisser et les inclure dans une illustration de mode, aussi insignifiants qu'ils puissent paraître. Les crayons et feutres sont les instruments les plus appropriés pour les dessiner ; ils permettent de décrire les détails qui nécessitent le plus de précision. Pour les illustrations plus expressives, il est possible d'avoir recours à des traits plus épais ou à un fond de couleur générant un contraste sur lequel les lignes peuvent être dessinées de façon plus concrète.

Certains de ces accessoires, comme les bandes Velcro, sont difficiles à décrire. Le cas échéant, nous pouvons les dessiner ouvertes pour les identifier plus aisément. La couleur est un excellent outil pour détailler les accessoires ; il faut maîtriser les effets métalliques des boutons-pression et des boucles pour les mettre en évidence.

3- SCHLIESSEN UND VERZIERUNGEN (Knöpfe, Zierknöpfe, Haken, Paspeln, Stopper, Schnallen, Karabinerhaken, Griffe, Reißverschlüsse, Klettverschlüsse)

Es gibt unendlich viele verschiedene Knöpfe und Schließen. Schnallen können rund, viereckig, zweistegig sein, Knöpfe können aus Metall, mit Stoff oder Leder überzogen sein, oder es kann sich um klassische flache Knöpfe handeln. All diese Einzelheiten, so unbedeutend sie auch scheinen mögen, sollte man zeichnen können, wenn der Designer ins Detail eines Kleidungsstücks geht. Bleistifte und feine Filzschreiber sind die geeignetsten Instrumente für diese Accessoires, da sie die detailgenaue Darstellung ermöglichen. Für eine ausdrucksvollere Illustration kann man dickere Striche verwenden oder eine kontrastierende Hintergrundfarbe, auf der schärfere Linien gezeichnet werden.

Manche dieser Accessoires, wie das Klettband, können schwierig darzustellen sein; in diesen Fällen sollten sie zur besseren Erkennung offen gezeichnet werden. Auch die Farbe hilft, jedes Accessoire detailliert darzustellen. Der Metalleffekt von Haken und Schnallen muss beherrscht werden, um sie hervorzuheben.

3- SLUITINGEN EN VERSIERINGEN (Knopen, sierknopen, haakjes en lusjes, stroppen, gespen, musketonhaakjes, ritssluitingen, velcro)

Er bestaan oneindig veel soorten knopen, haakjes, gespen en ritssluitingen. De gespen kunnen rond, vierkant of dubbel zijn en de knopen kunnen uit metaal zijn, gevoerd met stof of leder of het kunnen klassieke knopen zijn met vier gaatjes. Wanneer de ontwerper elk detail wenst weer te geven moet dit alles getekend worden. Men dient deze details te kunnen schetsen en ze in een mode-illustratie op te nemen, hoe onbeduidend dit ook lijkt. Potloden en fijne stiften zijn hiervoor het geschikst omdat men daarmee die details kan weergeven die de meeste precisie vereisen. Voor een expressievere illustratie kunnen grovere halen gebruikt worden of een contrasterende kleurachtergrond waarop de scherpere lijnen getekend worden.

Sommige accessoires, zoals velcro, zijn op een illustratie moeilijk weer te geven; in die gevallen kunnen ze open getekend worden om ze gemakkelijk te herkennen. Kleur helpt ook bij het detailleren van accessoires; het is dus belangrijk de metaaleffecten van haakjes en gespen meester te zijn zodat ze opvallen.

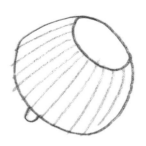

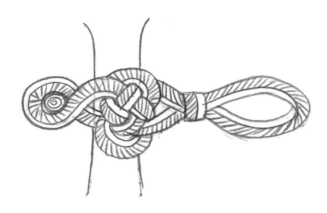

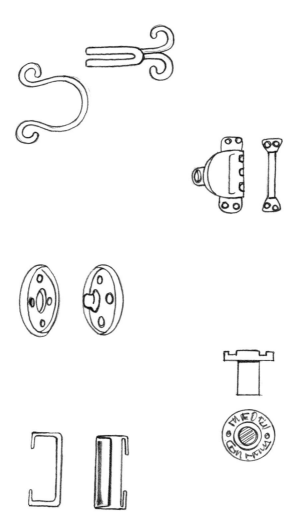

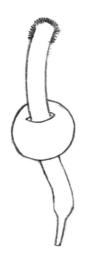

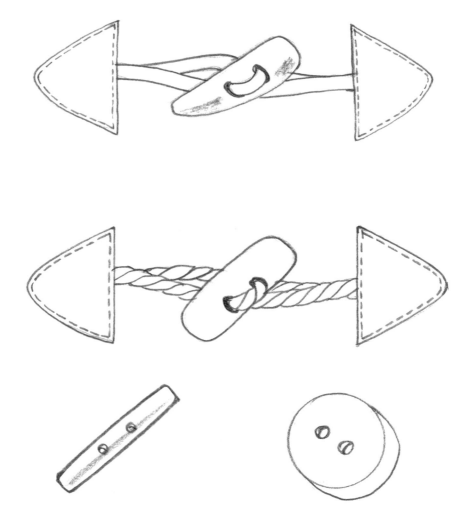

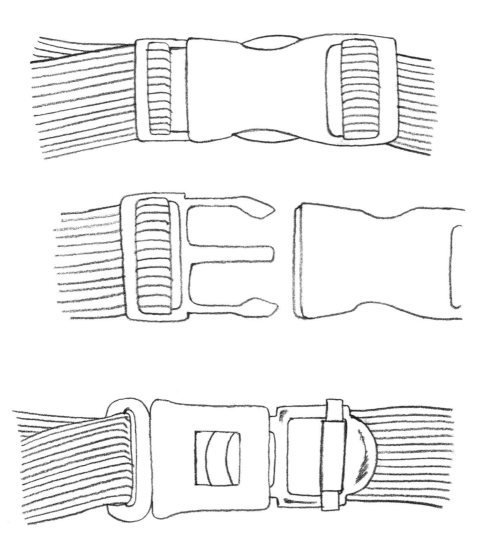

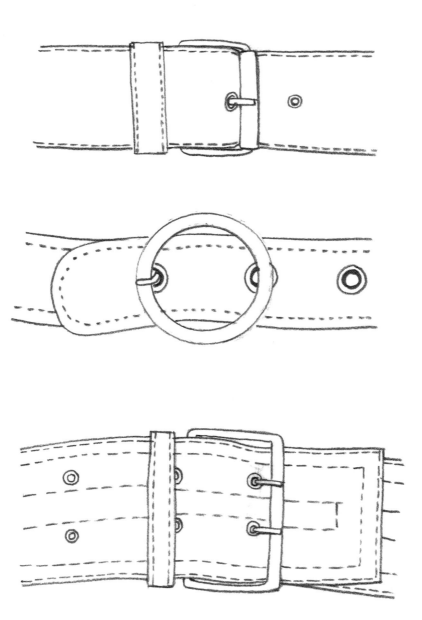

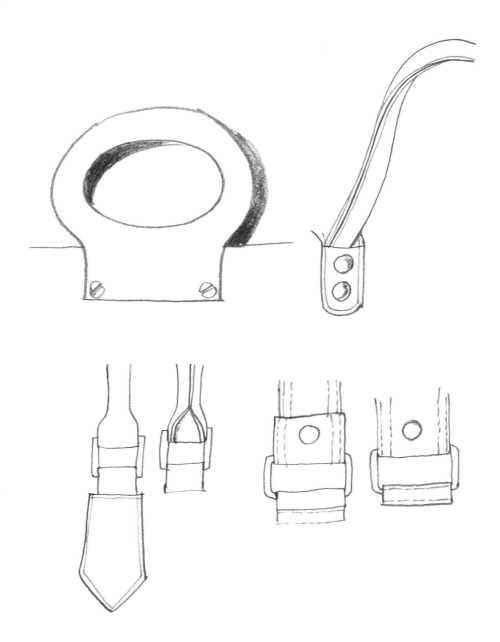

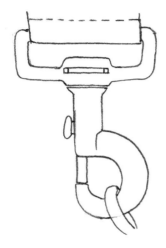

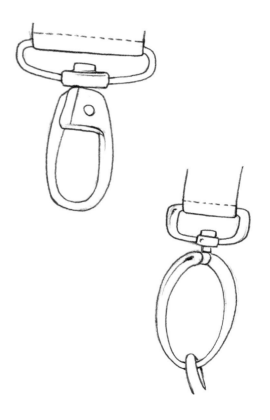

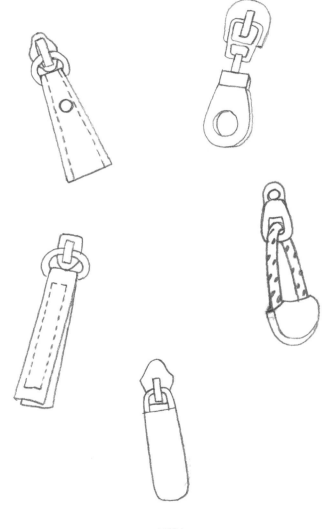

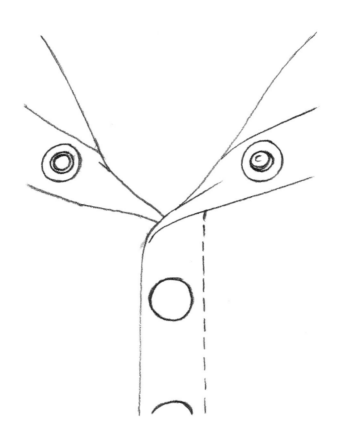

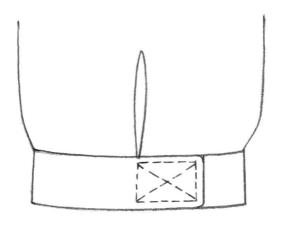

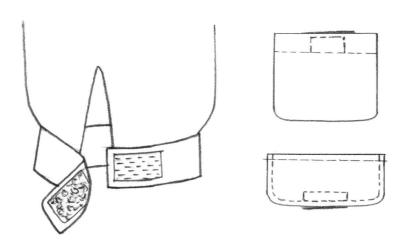

4- JEWELRY
(Rings, Bangles, Brooches, Jeweled Belts, Necklaces, Details, Tiaras, Cufflinks, Earrings, Bracelets, Watches)

Drawing is a tool for organizing ideas; it is a form of communication that designers use with all of the others. Illustrations of jewelry are varied and follow different creative processes. Drawings range from the sketch, which shows the initial idea, to the most technical illustration that reveals the materials and proportions. Depending on the designer's personality, illustrations can at first be more abstract; but they should always become more detailed and technical as the design of the piece progresses, given that the measurements, fasteners, settings, etc, will need to be specific.

The following pages show drawings and representations of different pieces of jewelry: rings, brooches, necklaces, cufflinks, etc. In order to illustrate them, you will need to learn different drawing techniques: from making a scale of tones for shading and volume, to ways of coloring pieces of metal depending on whether they are matte or burnished. Other techniques are for drawing pearls or cut stones. Computer programs are an excellent tool for achieving very precise drawings.

4- BIJOUX
(bagues, bracelets, broches, ceintures ornées de bijoux, colliers, détails, diadèmes, boutons de manchettes, boucles d'oreille, montres)

Le dessin est un outil qui sert à organiser les idées, un moyen d'expression. Les illustrations de bijoux sont variées et suivent différents processus de création. Elles vont des esquisses, qui expriment l'idée de départ, aux dessins plus techniques, qui laissent entrevoir les matériaux et les proportions. En fonction du dessinateur, les illustrations peuvent d'abord être plus abstraites, mais elles doivent gagner en technicité au fur et à mesure que la confection du vêtement progresse, puisqu'il sera nécessaire de préciser les dimensions, les fermetures, les sertissages, etc.

Les pages suivantes contiennent des dessins de différentes pièces de bijouterie : bagues, broches, colliers, boutons de manchettes, etc. Pour les illustrer, il faut maîtriser plusieurs techniques de dessin : de la réalisation d'une échelle de tonalités, permettant de créer des ombres et des volumes, aux méthodes de coloriage des pièces en métal en fonction de leur finition (mate ou polie). D'autres techniques sont utilisées pour dessiner des perles ou des pierres précieuses taillées. Les logiciels informatiques sont de puissants outils permettant d'obtenir des dessins de grande précision.

4- SCHMUCK
(Ringe, Armreifen, Broschen, Schmuckgürtel, Halsketten, Kleinigkeiten, Haarreifen, Manschettenknöpfe, Ohrringe, Armbänder, Uhren)

Schmuckillustrationen sind vielfältig und folgen verschiedenen kreativen Verfahren. Sie reichen von der Skizze der anfänglichen Idee bis zu technisch ausgerichteten Zeichnungen, die die Materialien und Proportionen zeigen. Die Illustrationen können anfänglich abstrakter sein, aber sie müssen in dem Maße, wie der Entwurf des Objekts fortschreitet, immer konkreter werden, da Maße, Verschlüsse, Fassungen etc. genau festgelegt werden müssen.

Auf den folgenden Seiten werden verschiedene Schmuckstücke gezeigt: Ringe, Broschen, Halsketten, Manschettenknöpfe usw. Für ihre Darstellung ist es nötig, verschiedene Zeichentechniken zu kennen, von der Abstufung verschiedener Tönungen, um Schatten und Volumen hervorzurufen, bis zu den Kolorierungsmethoden von Objekten aus Metall in matter oder glänzender Polierung. Weitere Techniken zeigen, wie man Perlen oder geschliffene Edelsteine zeichnet. Computerprogramme sind großartige Werkzeuge, um Zeichnungen von höchster Präzision zu erhalten.

4- JUWELEN
(Ringen, bracelets, broches, sieraadriemen, halskettingen, details, diademen, manchetknopen, oorbellen, armbanden, horloges)

Tekenen is een manier om ideeën te ordenen, een middel dat ontwerpers gebruiken om met anderen te communiceren. Juweelillustraties zijn gevarieerd en volgen diverse creatieve processen. Ze gaan van de schets, die het oorspronkelijke idee weergeeft, tot de meer technische tekeningen die de materialen en verhoudingen weergeven. In functie van de persoonlijkheid van de ontwerper, kunnen illustraties eerst veeleer abstract zijn, maar naarmate het ontwerp vordert moeten ze concreter en technischer worden om afmetingen, sluitingen, schakels, enz. te definiëren.

Op de volgende pagina's worden tekeningen en voorstellingen van diverse juwelen getoond: ringen, broches, halskettingen, manchetknopen, enz. Voor de illustratie dient men meerdere tekentechnieken te beheersen: dit gaat van het creëren van een scala tonaliteiten om schaduwpartijen en volumes weer te geven tot methodes om metaaldelen te kleuren, mat of glanzend. Met andere technieken kan men dan weer parels of geslepen edelstenen tekenen. Computerprogramma's zijn een ideaal middel om nauwkeurige resultaten te bekomen.

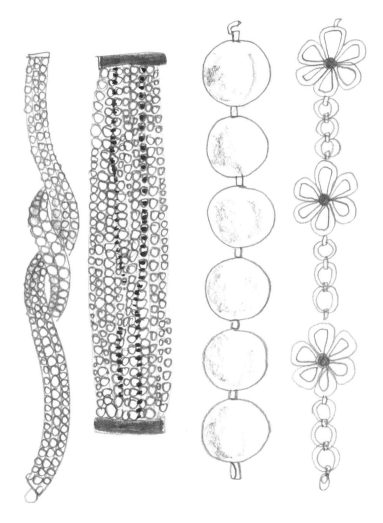

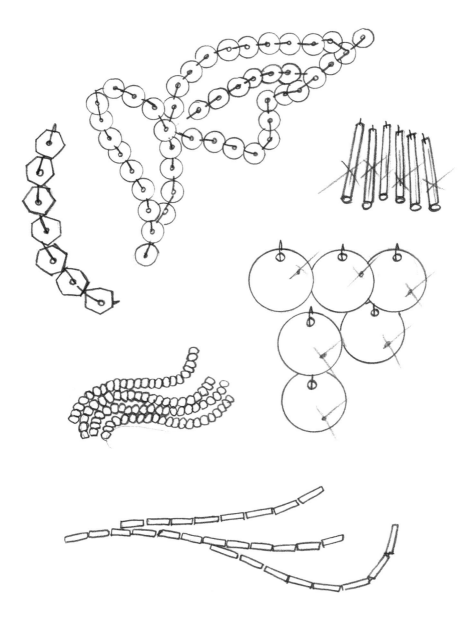

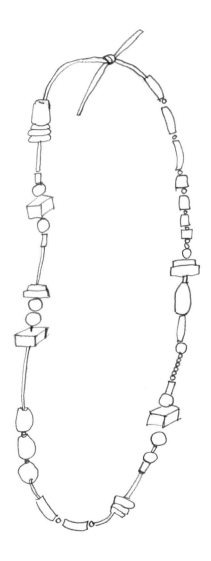

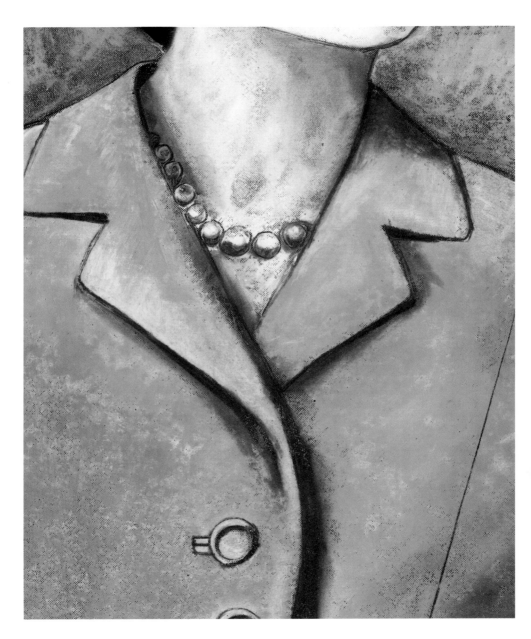

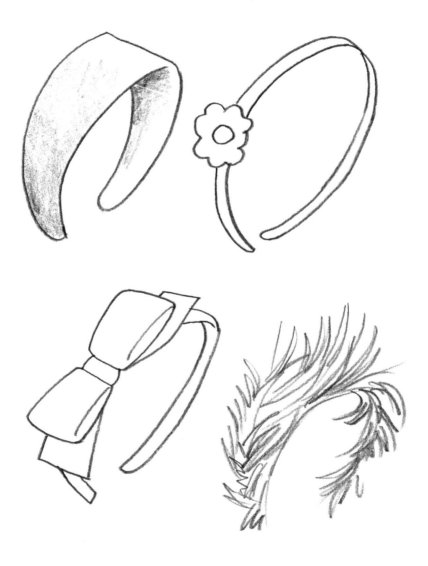

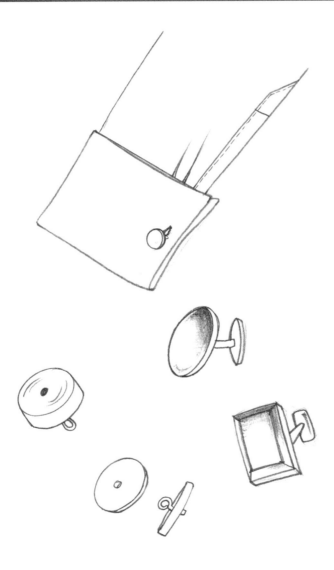

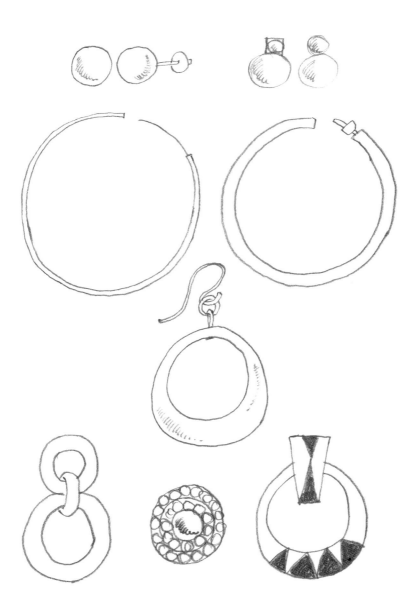

NEW YORK	1203	9:30	AM	DEPARTED
PARIS	6542	0:49	AM	DEPARTED
TORONTO	1250	10:50	AM	DEPARTED
MADRID	252	1:00	PM	ON TIME
SYDNEY	231	1:39	PM	ON TIME
TOKYO	1335	2:45	PM	ON TIME

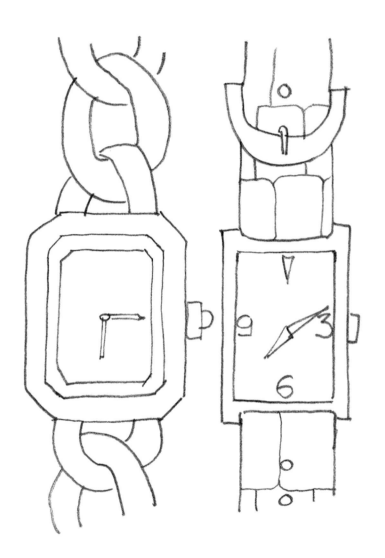

5- HATS
(Caps, Earflaps, Picture Hats, Wide-Brimmed Hats)

The design of hats, dress pieces that protect and adorn the head, have evolved to the stage where they come in hard-to-imagine shapes and varieties. Hats are at times the most unique and outstanding pieces of a runway show and always manage to draw the attention of spectators and critics.

Like other accessories such as bags and scarves, hats can bring the style of a collection together. The wide variety of shapes, fabrics and materials they come in make them appealing to designers. In order to illustrate these pieces, whether they be caps, hats with earflaps, wide-brimmed hats or traditional styles, knitted berets or beanies, drawing materials can be important allies. Combinations of pencil or thick and fine marking pens can be very expressive resources. For prints, you only have to highlight a detail, there is no need to add detail to the entire piece or color the whole drawing. Materials like pastels or watercolors can offer more expressive possibilities for earflaps or decorative details like feathers. Crayon or lead pencil can give more strength to outlines. Printed fabrics can be defined perfectly with marking pens and pencils of varying hardness and thickness.

5- COUVRE-CHEFS
(casquettes, oreillons, capelines, chapeaux)

Le dessin des chapeaux, accessoires vestimentaires protégeant et parant la tête, a évolué de sorte qu'il arbore aujourd'hui des formes et variations incroyables. Il arrive que les chapeaux soient les accessoires les plus singuliers et remarquables d'un défilé, à tel point qu'ils attirent l'attention des spectateurs et critiques.

À l'instar d'autres accessoires comme les sacs ou les écharpes, les chapeaux peuvent donner la touche finale à une collection. Les grandes variétés de formes, de tissus et de matières avec lesquels ils sont confectionnés en font des éléments attrayants pour les dessinateurs. Pour illustrer ces accessoires, qu'il s'agisse de casquettes, d'oreillons, de chapeaux à larges bords, de chapeaux d'époque, de bérets tricotés ou de style garçon, le matériel de dessin représente un allié de poids. Les combinaisons de crayons, de feutres ou de marqueurs sont des ressources très expressives. Pour les motifs, il n'est pas nécessaire de détailler l'ensemble de la création ou de colorier l'intégralité du dessin, la mise en évidence d'un petit détail suffira. Les pastels ou l'aquarelle apportent davantage de possibilités expressives aux oreillons ou aux détails décoratifs comme les plumes. Les crayons de cire ou à papier serviront à renforcer les traits. Les motifs en tissu peuvent être reproduits à la perfection grâce à des feutres ou crayons de différentes duretés et épaisseurs.

5- KOPFBEDECKUNGEN (Mützen, Ohrenschützer, Florentiner, Hüte)

Das Design von Hüten — Kleidungsstücken, die den Kopf schützen und schmücken — hat sich bis zu unmöglichen Formen und Variationen entwickelt. Manchmal sind die Hüte die einzigartigsten und auffallendsten Teile einer Modenschau und erlangen die Aufmerksamkeit von Zuschauern und Kritikern.

Ebenso wie andere Accessoires wie Taschen oder Schals können Hüte für den Stil einer Kollektion ausschlaggebend sein. Die große Vielfalt von Formen, Stoffen und Materialien, die sie aufweisen, machen sie für die Designer attraktiv. Um diese Objekte, seien es Mützen, Ohrenschützer, breitkrempige Hüte, Trachtenhüte, Strickmützen oder Mützen im *Garçon* -Stil (Baskenmützen) darzustellen, können die Zeichenmaterialien großartige Verbündete sein. Die Kombination von Bleistiften und Filzschreibern mit breiten und feinen Spitzen können sehr ausdrucksvolle Hilfsmittel sein. Für die Muster reicht es, ein Detail hervorzuheben; es ist nicht nötig, alle Einzelheiten des Objekts darzustellen oder die gesamte Zeichnung zu kolorieren. Materialien wie Pastell- oder Aquarellfarben bieten mehr Ausdrucksmöglichkeiten für Ohrenschützer oder dekorative Einzelheiten wie Federn. Wachsmal- oder Kohlestifte geben dem Strich mehr Stärke. Die Stoffmuster können dank Filzschreibern oder Bleistiften von verschiedener Dicke und Härte perfekt dargestellt werden.

5- HOEDEN (Petten, oorkleppen, breedgerande vrouwenhoeden, hoeden)

Het ontwerp van hoeden, die het hoofd beschermen en versieren, is zodanig geëvolueerd dat er heden ongelooflijke vormen en variaties bestaan. Hoeden zijn vaak de opvallendste stukken van een defilé en trekken de aandacht van zowel toeschouwers als critici.

Net als de andere toebehoren zoals tassen of sjaals, kunnen hoeden de stijl van een collectie bepalen. De grote diversiteit wat vormen, stoffen en materialen betreft, maakt ze voor ontwerpers zeer aantrekkelijk. Om deze stukken te illustreren, of het nu petten, oorkleppen, breedgerande of klassieke hoeden, gebreide baretten of baretten in *garçonstijl* betreft, zijn de tekenmaterialen dé bondgenaten. De potlood- of stiftcombinaties, met dikke of fijne punt, kunnen een zeer expressief middel zijn. Voor de motieven moet hier en daar slechts een detail benadrukt worden. Het hele stuk hoeft niet in detail weergegeven of gekleurd te worden. Materialen zoals pastel of aquarel kunnen meer expressiviteit geven aan oorkleppen of decoratieve details zoals pluimen. Waskrijt of kool geven de schetsen meer kracht. De bedrukkingen worden perfect gedefinieerd worden met stiften of potloden van diverse hardheid en dikte.

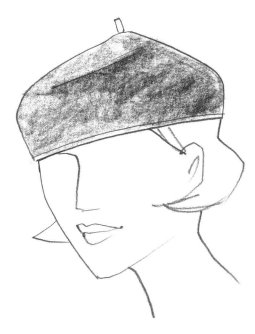

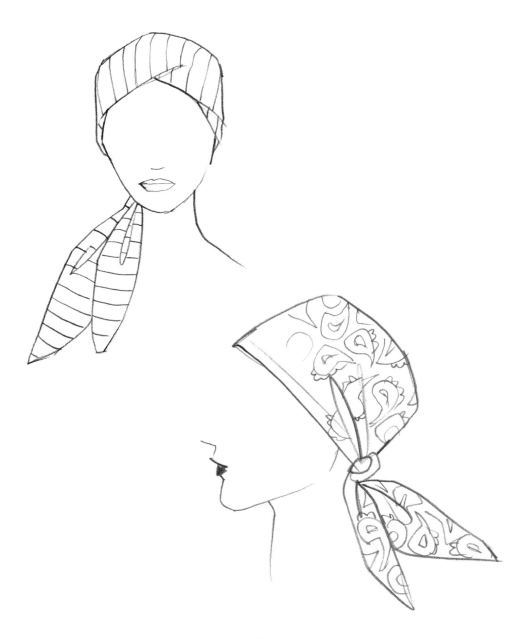

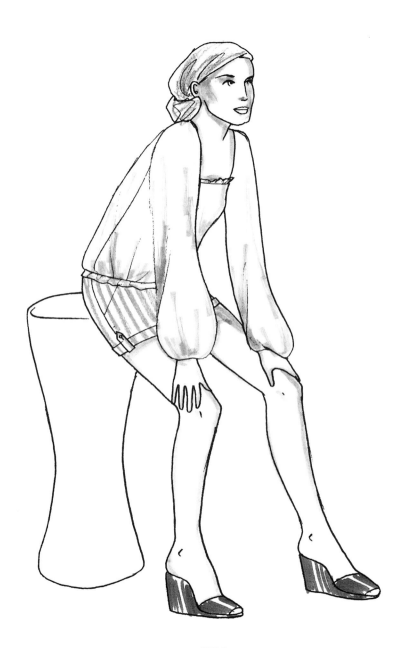

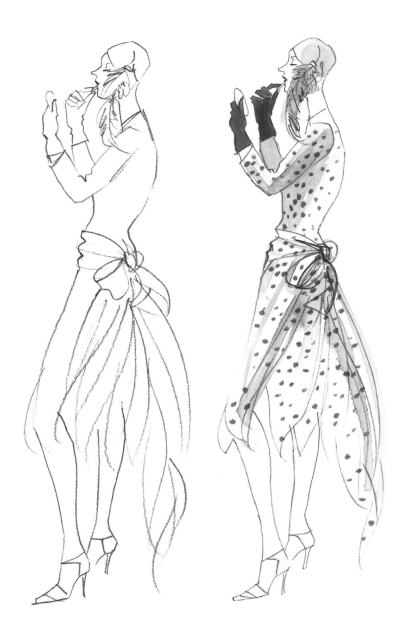

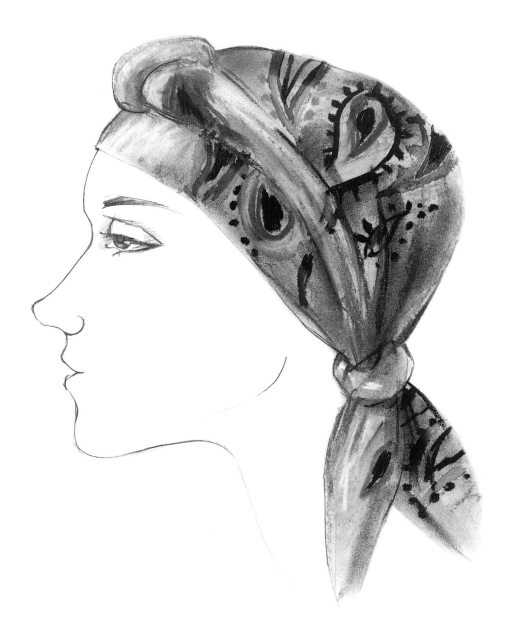

6- FOOTWEAR

Shoe manufacturers and some footwear designers are currently as famous as fashion designers. To illustrate footwear designs correctly, good knowledge of the extremely wide range of footwear is needed, including: boots, sandals, sneakers, stiletto heels, ballet flats, moccasins, etc.

It is essential to be able to draw correctly the type shoe you want to show. A wide-legged boot should not be mistaken for a narrow boot or for a leather ankle boot. Marking the details on shoes, such as the topstitching on canvas sneakers or metal studs on seventies-style clogs can make a difference to the way a drawing and, consequently, a design is perceived.

It is important to distinguish materials: if it is a soft leather moccasin, a rubber or wooden sole, etc. The soles of shoes should also be well defined. The wrong thickness can lead to mistakes being made with the style. It is also recommended that the tip of the heel be marked to distinguish the perspective. Color can help to define the wide variety of materials developed by the footwear industry designers and manufacturers: leather, rubber, synthetic materials or fabric.

6- CHAUSSURES

Les fabricants actuels, et certains dessinateurs de chaussures, jouissent d'une réputation aussi grande que celles des créateurs de mode. Pour illustrer correctement les modèles, il importe de posséder d'excellentes connaissances sur la large gamme de chaussures existantes : bottes, sandales, chaussures de sport, chaussures à talon aiguille, ballerines, mocassins, etc.

Il est primordial de dessiner le type de chaussure à représenter avec précision ; on ne peut pas se méprendre entre une botte à tige large et une botte à tige étroite ou une bottine en cuir. Le fait de marquer les détails, comme les piqûres des chaussures de sport en toile ou les détails métalliques des sabots des années 70, peut déboucher sur une perception différente du dessin et, par là même, de la création.

Il importe de faire la distinction entre les matières : mocassin en cuir velours, semelle en caoutchouc ou en bois, etc. Les semelles des chaussures doivent elles aussi être représentées, une erreur d'épaisseur peut en effet prêter à confusion quant à la nature du modèle. Il est également recommandé de marquer le bout du talon pour distinguer la perspective. La couleur peut aider à définir la grande variété de matériaux employés par l'industrie de la confection de chaussures : cuir, caoutchouc, matières synthétiques ou tissus.

6- SCHUHWERK

Die Schuhhersteller und manche Schuh-designer von heute sind so berühmt wie Modeschöpfer. Um die Entwürfe richtig dar-stellen zu können, braucht man umfassen-de Kenntnisse der Unmenge von existieren-den Modellen: Stiefel, Sandalen, Turnschuhe, Stöckelschuhe, Ballerinas, Mokassins, etc.

Es ist äußerst wichtig, die Art von Schuhen zeichnen zu können, die man zeigen will. Ein Stiefel mit breitem Schaft darf nicht mit einem Stiefel mit schmalem Schaft oder mit einer Ledergamasche verwechselt werden. Das Hervorheben von Einzelheiten der Schu-he, wie z. B. der Nähte von sportlichen Schu-hen oder Metallteilen von Clogs im Stil der sechziger Jahre, kann einen Unterschied in der Wahrnehmung der Zeichnung und damit des Designs bedeuten.

Es ist wichtig, die Materialien zu unterschei-den: ob es sich um Mokassins aus weichem Leder handelt, ob die Sohle aus Gummi oder aus Holz ist, usw. Die Schuhsohlen müssen ebenfalls genau gezeichnet werden, da eine nicht entsprechende Dicke dazu führen kann, dass wir uns im Modell irren. Es wird auch empfohlen, das Ende des Absatzes zu kennzeichnen, um die Perspektive zu ver-deutlichen. Die Farbe kann dabei helfen, die große Vielfalt darzustellen, die von De-signern und Schuhfabrikanten entwickelt wurden: Leder, Gummisorten, synthetische Materialien oder Stoffe.

6- SCHOENEN

Sommige fabrikanten en hedendaagse schoenontwerpers zijn even beroemd als de modeontwerpers. Om ontwerpen correct te illustreren, is een goede kennis van de modellen vereist: laarzen, sandalen, sport-schoenen, hakschoenen, ballerina's, mocas-sins, enz.

Het soort schoen moet nauwkeurig gete-kend worden; een brede laars mag niet met een smalle of met een bottine verward wor-den. Stiksels van sportschoenen of metalen details op jaren zeventig-klompen bena-drukken, kan het verschil maken bij de te-kening- en dus ook de ontwerpperceptie.

Materialen moeten duidelijk onderscheiden worden om te weten of het een zachte leren mocassin, een rubberen of houten zool be-treft, enz. Ook schoenzolen moeten duide-lijk getekend worden want de verkeerde dikte kan leiden tot stijlfouten. Het is raadzaam de hielpunt te benadrukken voor een dui-delijk perspectief. Kleur kan helpen bij het definiëren van de grote door ontwerpers en fabrikanten ontwikkelde materiaalverschei-denheid: leder, rubber, synthetische mate-rialen of stof.

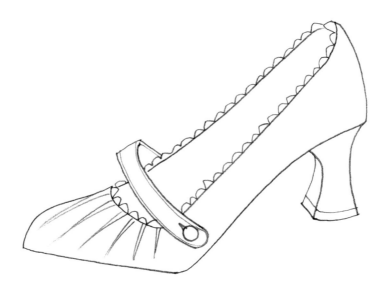

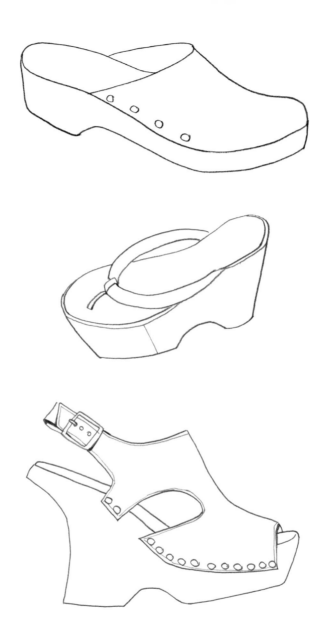

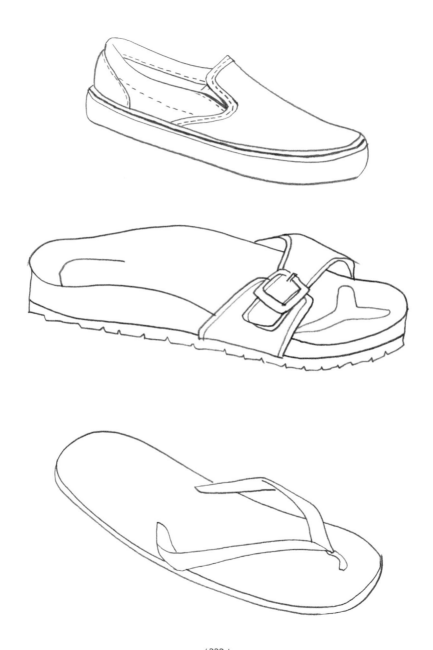

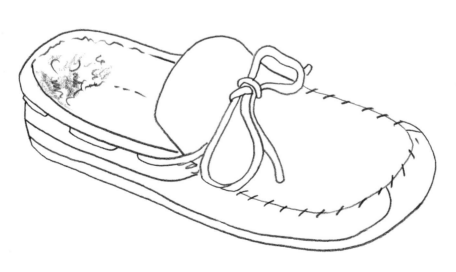

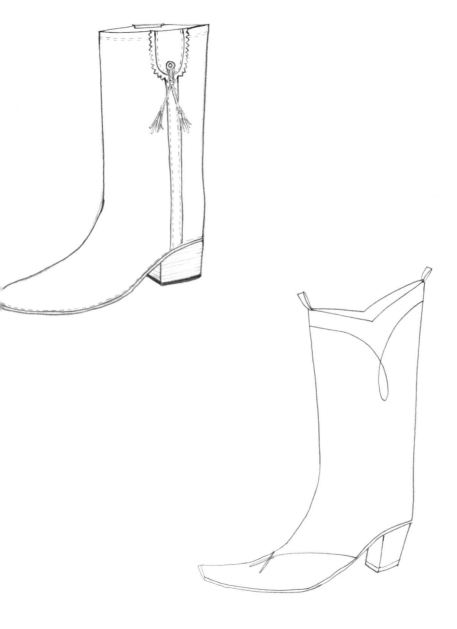

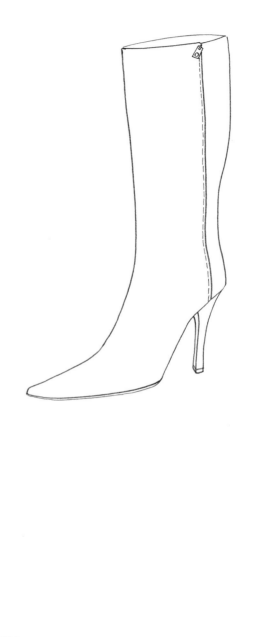

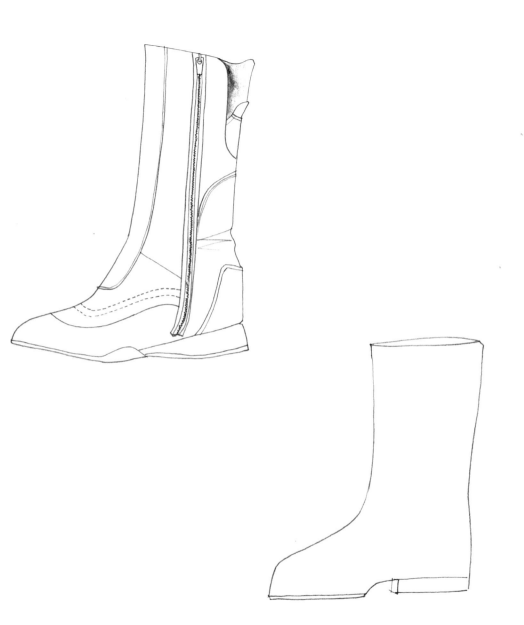

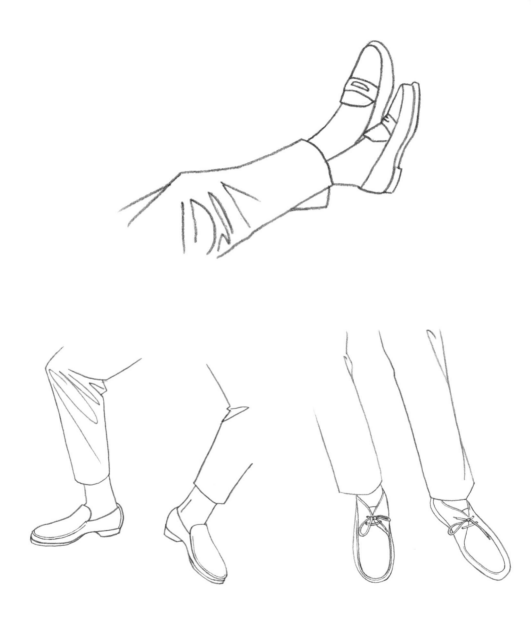

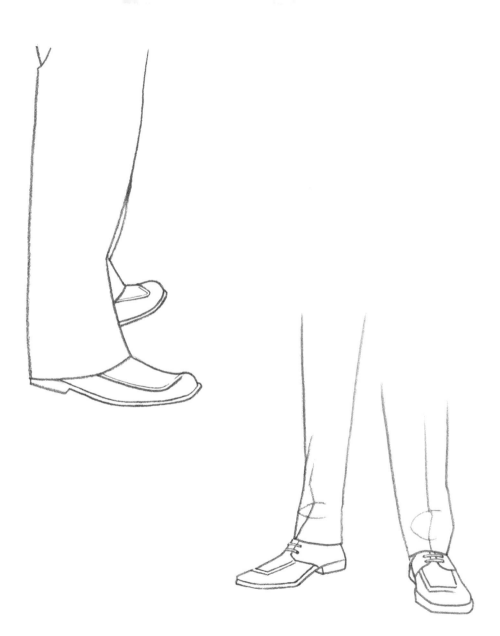

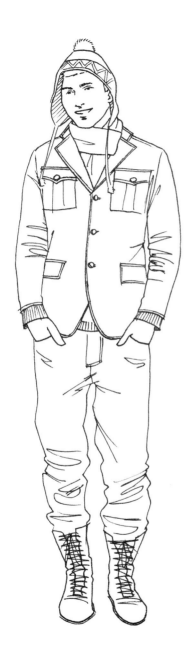

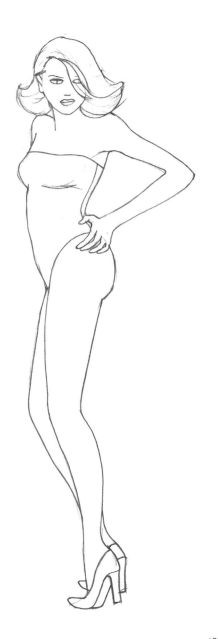

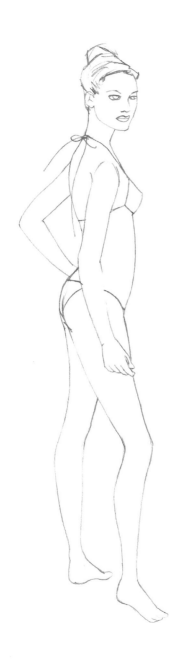

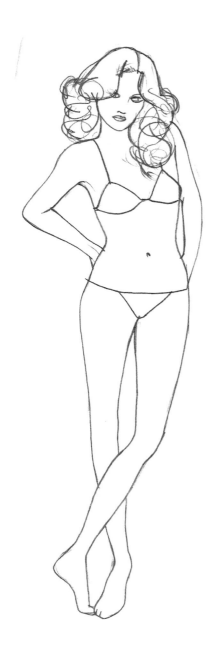
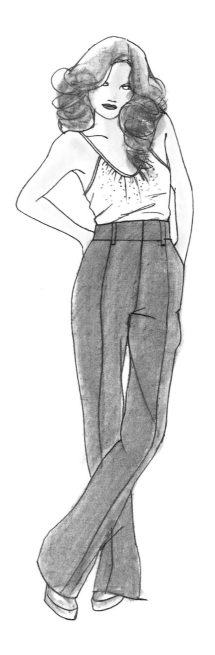

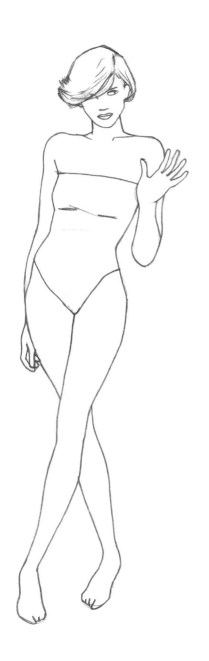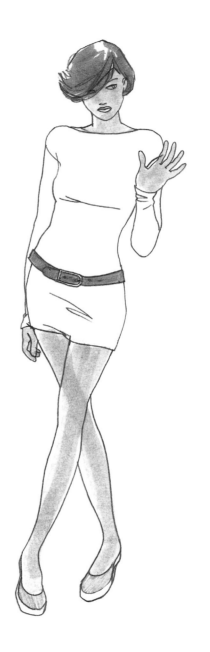

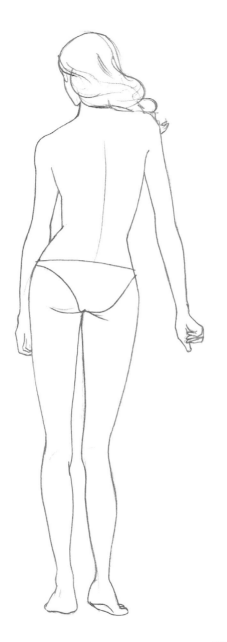

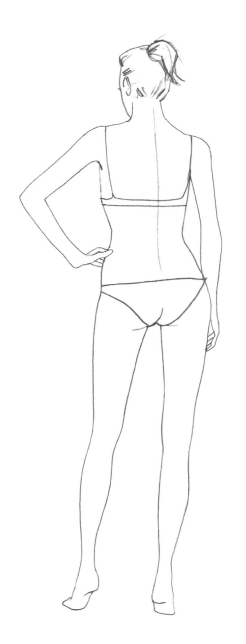

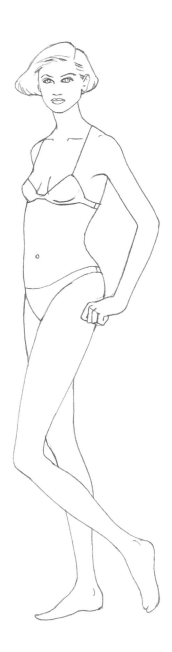

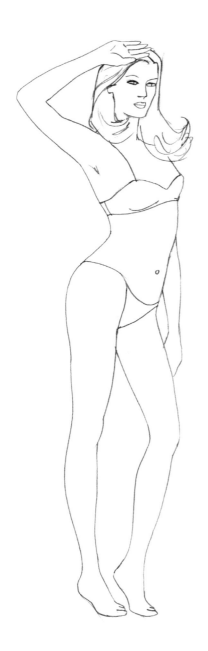

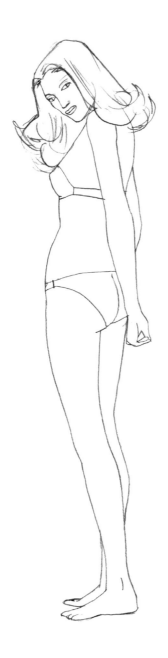
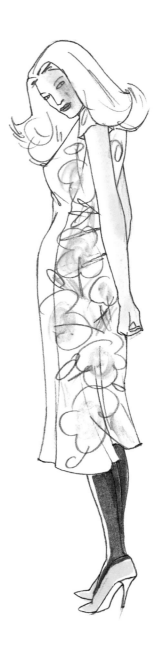

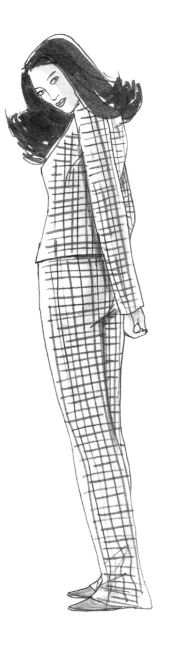

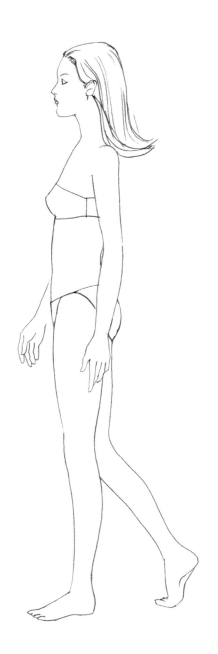

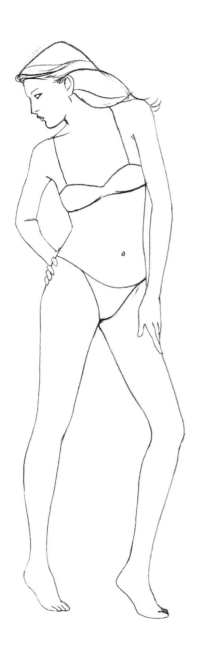

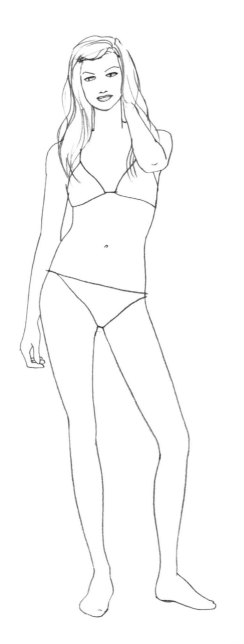

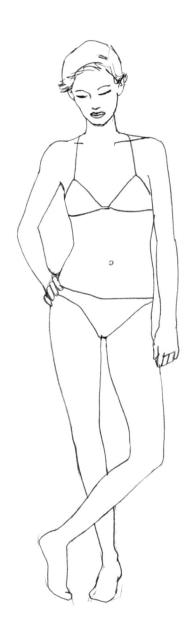

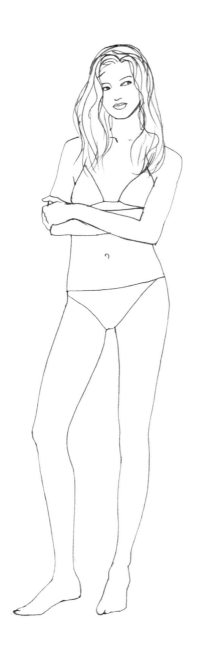

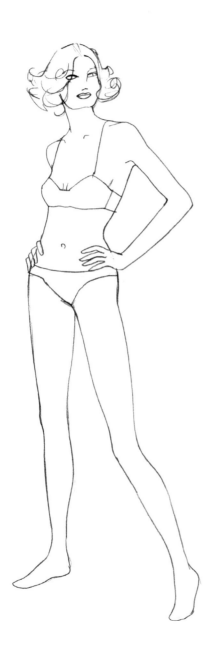

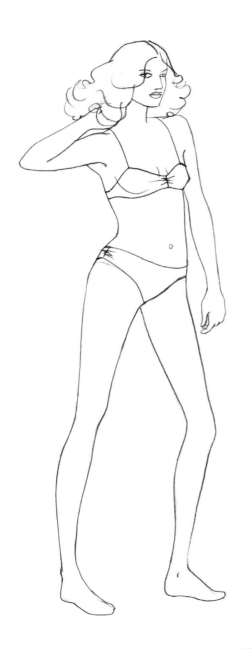

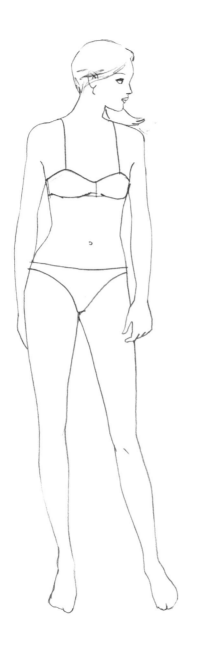

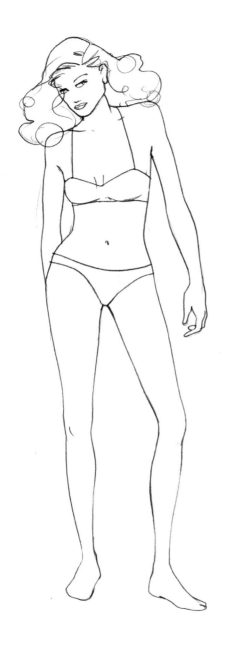
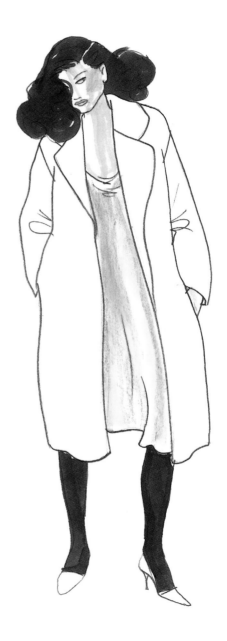

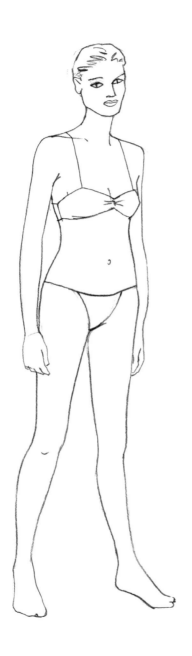

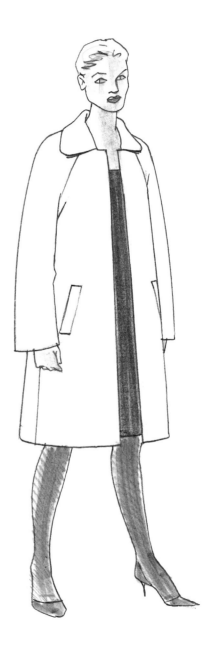

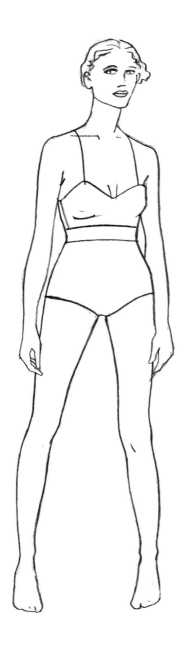

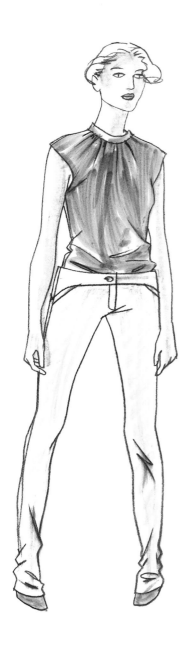

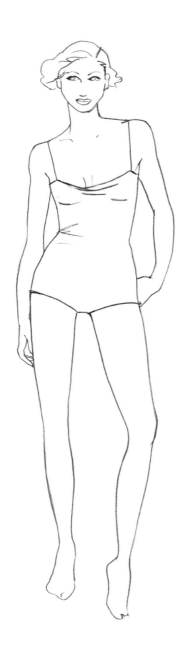
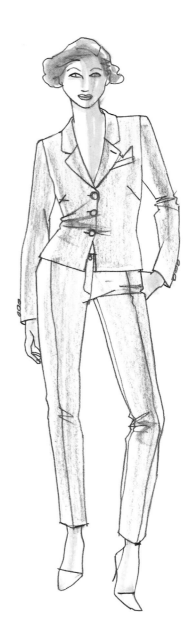

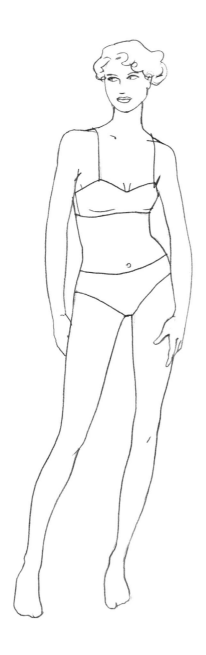

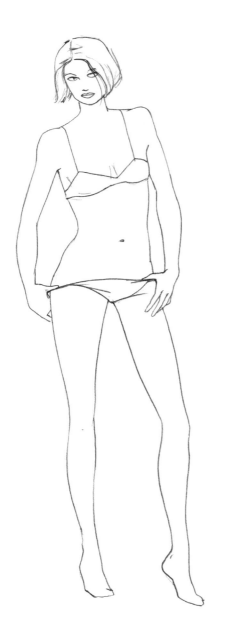

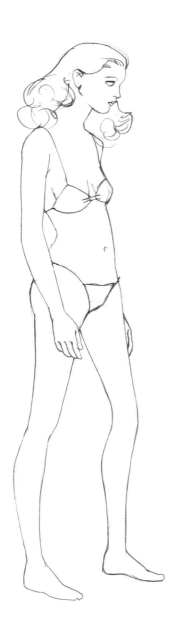

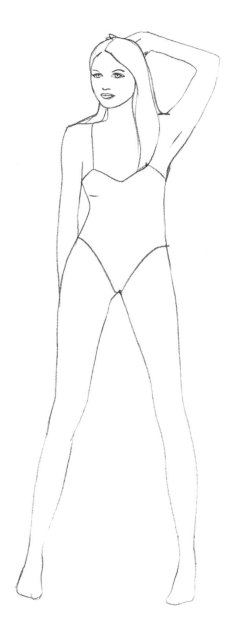
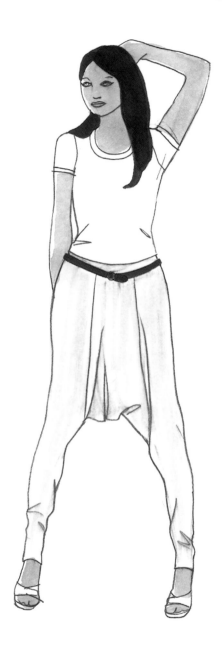

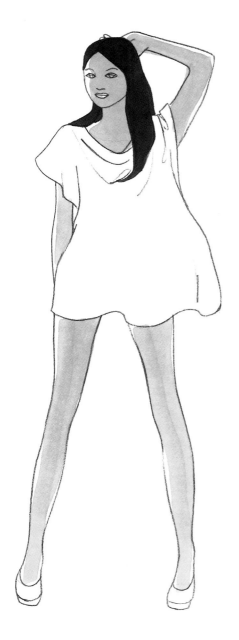

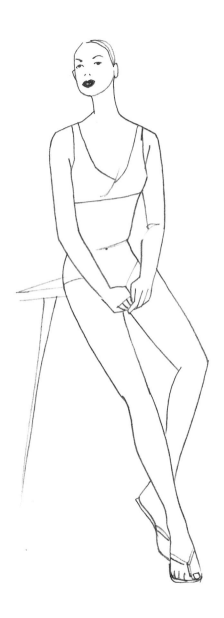

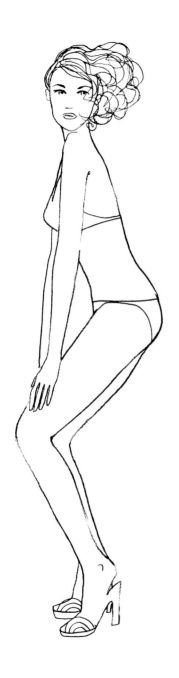
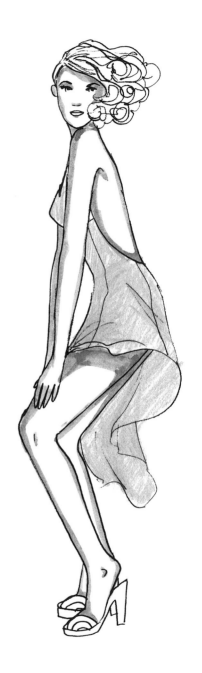

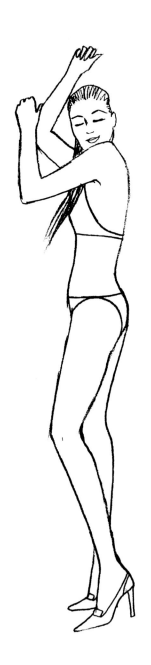
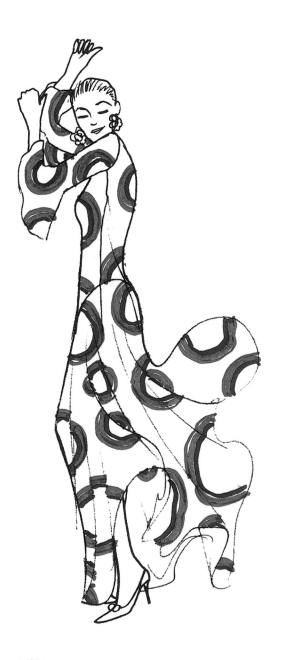

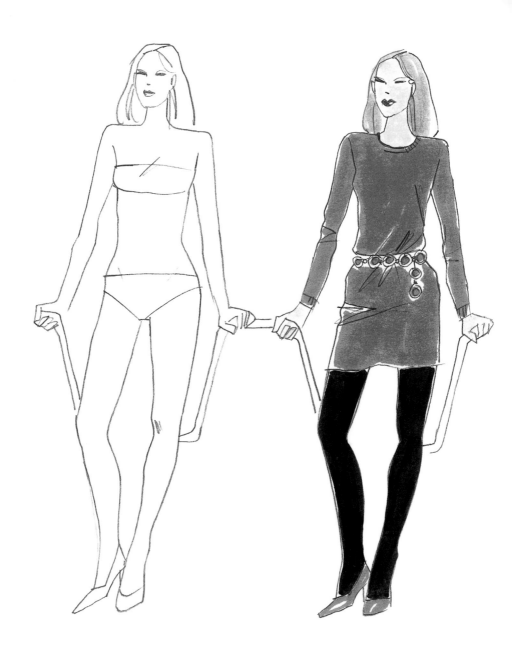

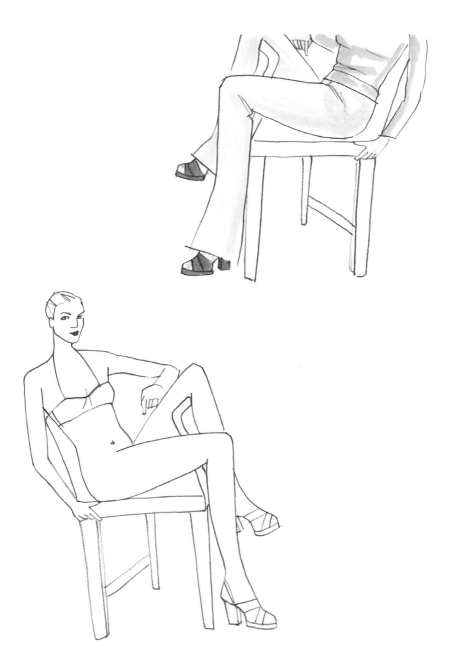

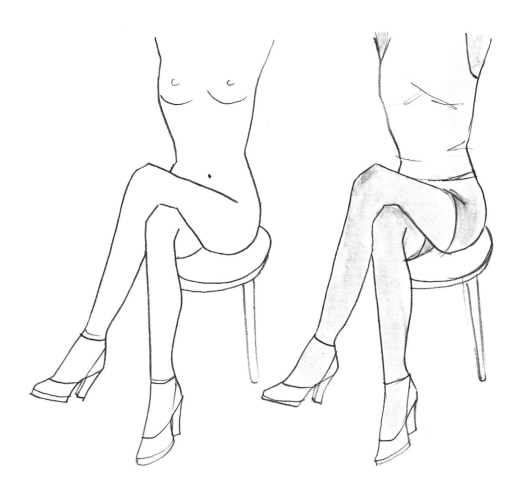

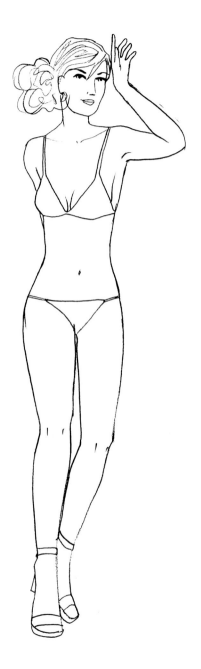
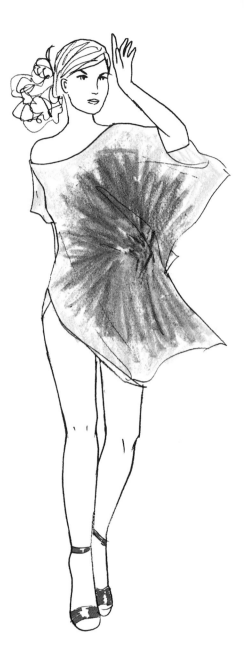

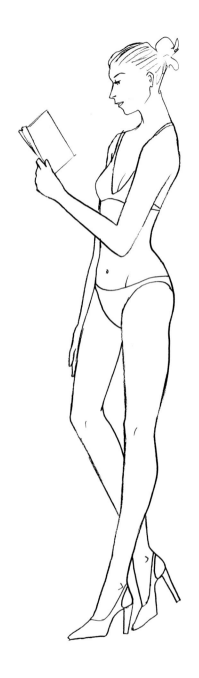

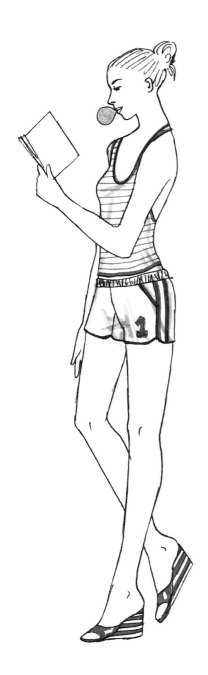 

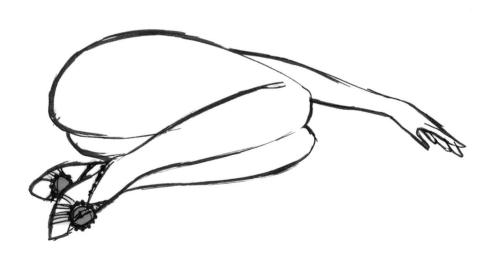

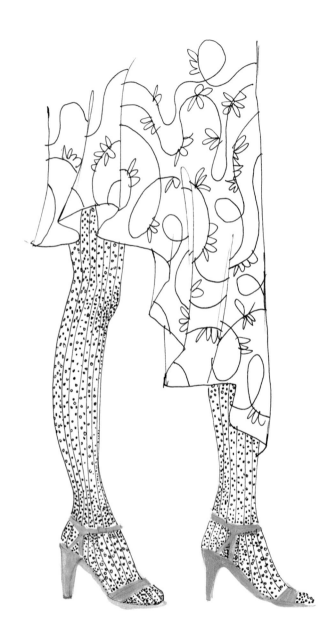

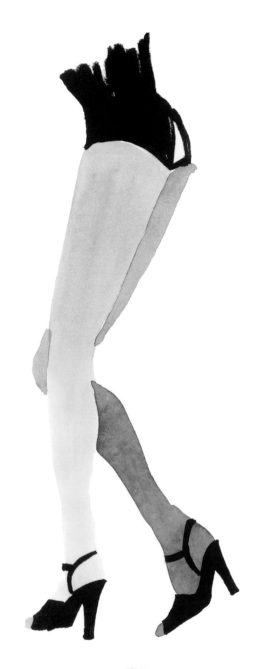

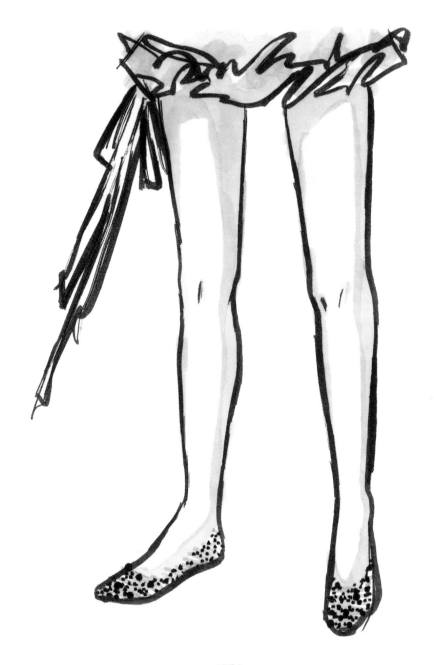

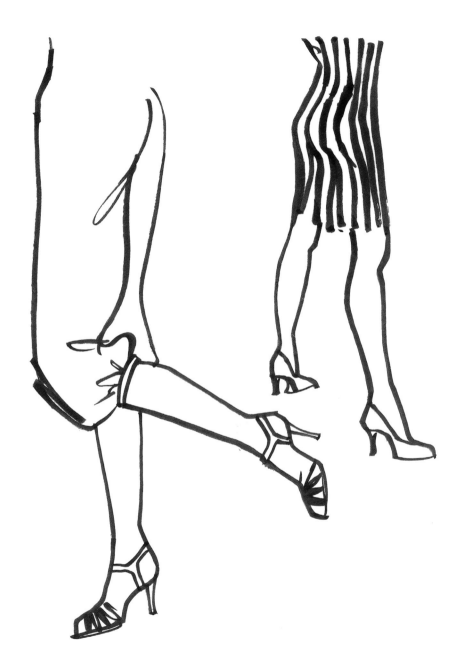

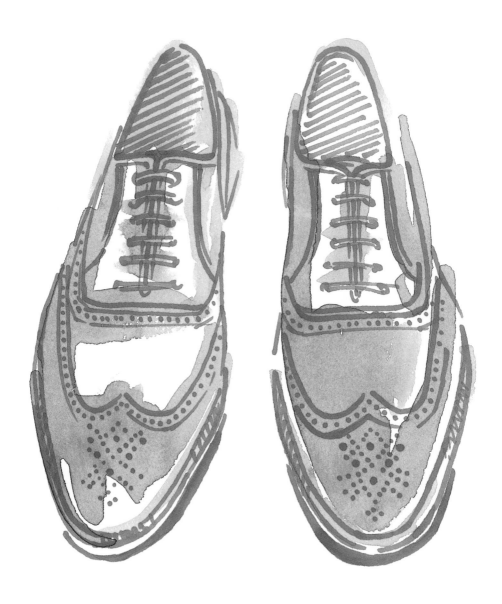

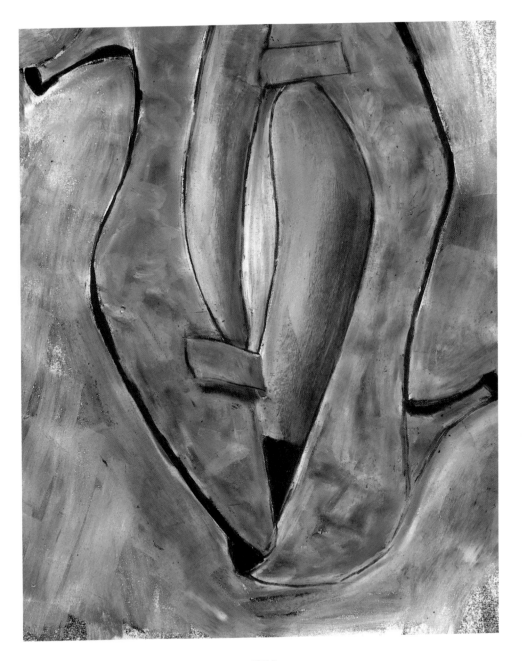

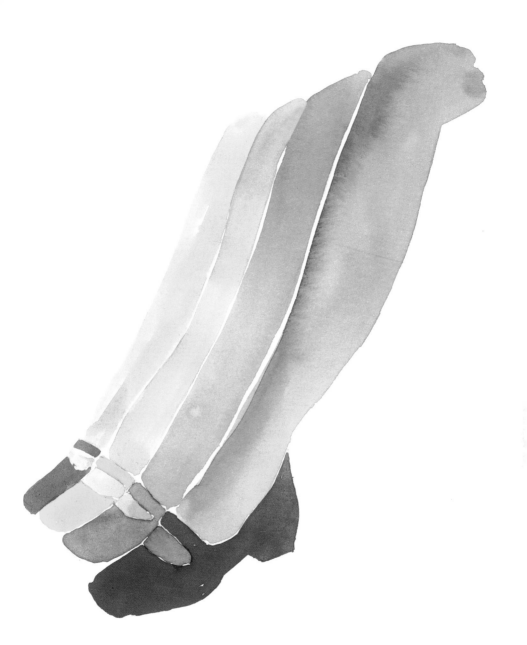

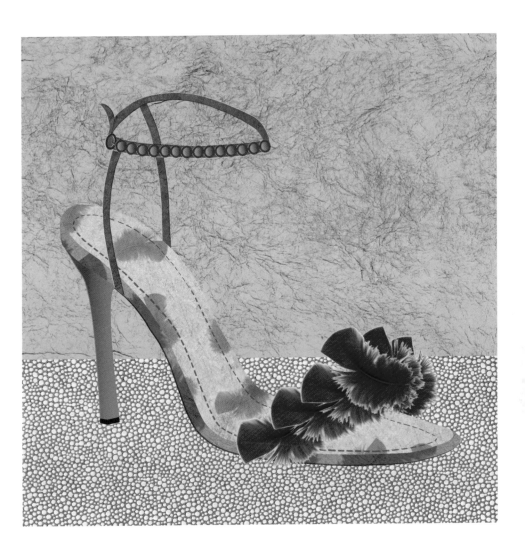

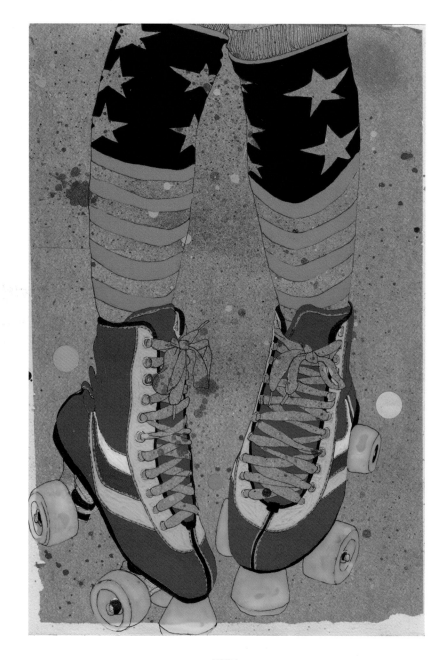